Sylt

Inselführer

von Walter Fiedler

Breklumer Verlag

Die Luftaufnahmen wurden freigegeben unter Nummer:
Seite 12/13 SH 393/91 Seite 21 SH 393/94 Seite 27 SH 393/60
Seite 31 SH 393/95 Seite 43 SH 393/93 Seite 51 SH 393/36
Seite 71 SH 393/92

10. Auflage 1984
3. neubearbeitete Auflage 1976

 Fotos: Walter Fiedler, Bredstedt; Karten und Wanderwege: Gunther Engelbert, Hamburg; Dünenpflanzen: Uwe Bangert, Bad Segeberg; Seevögel: Edgar Windt, Neumünster
Gesamtherstellung: Breklumer Druckerei Manfred Siegel
Printed in West-Germany
ISBN 3-7793-1101-1

Vorwort

Sylt hat es nicht nötig, in überschwenglichen Worten gerühmt zu werden. Die 250 000 Gäste, die jedes Jahr dieses größte geschlossene Erholungsgebiet der Bundesrepublik aufsuchen und oft wiederkommen, lassen sich von der kaum ganz zu beschreibenden Fülle von Möglichkeiten der Urlaubsgestaltung auf die größte nordfriesische Insel locken. Natur und Mensch bieten auf den 100 qkm fast jedem Urlauber die gesuchte Mischung von Erholung und Ablenkung und von Jahr zu Jahr mehr Kranken die ersehnte Genesung. Keine zweite deutsche Insel weist in ihrer Natur einen solchen Formenreichtum auf wie das im Kartenbild so »mager« erscheinende, in Wirklichkeit an landschaftlichen Schönheiten so reiche Sylt. Am Westrand zieht der weiße Burgensand die Sonnenhungrigen an das immer bewegte Wasser; an der Ostseite sieht der Ruhe Suchende auf das leichtgekräuselte Wattenmeer. Einzelgänger und Naturfreunde werden sich in den Marschen und auf den Kliffs der Osthalbinsel wohlfühlen, die Wasserenthusiasten lieber den fast 40 km langen Badestrand an der Seeseite der weit ins Meer vorgeschobenen Insel aufsuchen. Zwischen dem Urlaubergewimmel am Strand und den menschenleeren Dünen liegen oft nur wenige Schritte. Komfortbauten und Hochhäuser bestimmen das Gesicht Westerlands, Friesenhäuser und Reetdächer das Bild mehrerer Dörfer; moderne Hotels mit eigenem Schwimmbad stehen ebenso zu Diensten wie idyllische Dorfgasthöfe. Welcher Gegensatz doch zwischen der geschäftigen Saison und der Ruhe kühler Wintertage, zwischen der langsam auslaufenden Dünung des Hochsommers und den hohen Brandungswogen, die im Herbst mit ungeheurem Gewicht auf die Schutzbauten schlagen!

Die »Königin der Nordsee« ist zu einem Begriff geworden. Mögen sich die Sylter ihre Insel so schön erhalten, wie sie ist! Viele hoffen es, und noch mehr werden es sich in Zukunft wünschen. Unsere Generation zwischen Fließband und Computer, Ölheizung und Fernsehen kann sich glücklich schätzen, daß ihr eine so wohltuend ursprüngliche Insel erhalten blieb.

Für Vorschläge, wie folgende Auflagen verbessert werden können, sind wir dankbar.

Einen schönen Urlaub auf Sylt wünschen Ihnen

Verlag und Verfasser

Inhalt

Kurs Sylt

Drei Wege führen nach Sylt:

1. *Auf dem Landwege* mit der Bundesbahn über Hamburg, Husum, Niebüll und den Hindenburgdamm nach Westerland, von dort mit den Inselbussen (wenn Sie nicht in Westerland bleiben) nach Norden oder Süden bis ins Ferien-Zuhause. Der Bahnhof Westerland ist dem Hausgepäckdienst der Bundesbahn angeschlossen.

2. *Auf dem Seewege* mit einem der schmucken Seebäderschiffe der Hapag-Hadag ab Hamburg (St. Pauli-Landungsbrücken) über Cuxhaven (Alte Liebe) und Helgoland nach Hörnum/Sylt. Weiterfahrt mit dem Inselbus.

3. *Auf dem Luftwege* in der Saison werktags mit der »General Air« von Hamburg nach Westerland, wöchentlich einmal von Berlin nach Sylt. Auskunft durch Reisebüros.

Auch die Kraftfahrer haben drei Möglichkeiten:

1. Sie lassen den Wagen in Niebüll oder Klanxbüll (Garagen und bewachte Parkplätze sind vorhanden). Da im Sommer etwa 20 000 Gästefahrzeuge auf den Inselstraßen endlose Autoschlangen bilden und die vielen Fußgänger Sie oft nur im Schrittempo vorankommen lassen, ist diese Lösung auch die günstigste, schon deshalb, weil Sylt über ein gut ausgebautes öffentliches Verkehrsnetz verfügt.

2. Sie fahren in Niebüll auf einen Autozug und werden von diesem Huckepack nach Westerland befördert. Bis zu 1 000 Autos an einem Tag.

3. Sie fahren (mit Personalausweis und grüner Versicherungskarte) die Strecke Niebüll – Tondern – Röm, lassen den Wagen auf ein Fährschiff der Lindinger Reederei verladen und sich mit ihm nach List/Sylt schippern. Der Preis ist geringer, die Anfahrt schön, aber länger als mit der Bundesbahn ab Niebüll.

Im Bäderblitz durchs Wattenmeer

Spätestens beim Durchfahren des letzten Kooges oder beim Auffahren auf den Hindenburgdamm suchen sich die Urlauber Fensterplätze. Zunächst ist man, vor allem bei tiefem Wasser, recht enttäuscht; denn weit und breit ist von der Nordsee nichts zu sehen, nur prieldurchzogene Vorländereien und graues Watt. Wenige Minuten später stellen die erstaunten Binnenländer fest, daß die See zu beiden Seiten den Damm bespült. An einer Blockstelle hält der Zug nicht selten. Der einzige Beamte darin regelt im Sommer das Überholen und Kreuzen der Züge; nicht weniger als 75 donnern dann täglich am »Bahnhof im Meer« vorbei.

Seit 40 Jahren ist Sylt »angebunden«. Ab 1910 geplant, wurde 1923 (nachdem vorher der für Sylt zuständige Hafen Hoyerschleuse dänisch geworden war) mit dem Bau begonnen, Spundwände in das Watt getrieben, diese durch eine Feldbahn mit Kleierde aufgefüllt und die untere Böschung mit Basalt gepflastert. Zwischendurch von Sturmfluten zum Teil wieder zerstört, konnte der 11 km lange Damm 1927 durch Hindenburg persönlich eingeweiht werden. Die Gesamtbaukosten sind nicht bekannt; allein im Jahr 1923 gab die Bahnverwaltung für dieses Projekt 15 Trillionen Mark aus. Der neue Verkehrsweg hat Sylt zu einem ungeahnten wirtschaftlichen Aufschwung verholfen, für die Insel aber auch neue Probleme gebracht. Gedacht ist dabei nicht an die sommerliche Autoschwemme auf der Insel, sondern an die seitdem verstärkt auftretenden Landverluste an der Ostseite. 30 000 000 cbm Wasser, die vorher bei jeder Tide ungehindert durch das Watt strömten, werden nun aufgehalten und die Strömungen verlagert. Sie richten sich oft gegen die Insel und haben bei Sturmfluten dann hohe Wasserstände und bedenklich große Landverluste zur Folge. Was kann geschehen, um sie zu vermeiden? Im Gespräch sind eine Brücke, die in den Damm eingefügt werden soll, und ein Gezeitenkraftwerk, das in seinen Turbinen jährlich 300 Millionen KW-Stunden erzeugen würde. Ob hier ein Gezeitenkraftwerk wirtschaftlich arbeiten könnte, ist wohl recht ungewiß; bisher setzten Fachleute hierfür einen Tidenhub von mindestens 5 m voraus (Sylt 2 m).

Warum wird nicht neben dem Hindenburgdamm eine Straße gebaut? Bundesbahn und Bädergemeinschaft sind sich – wenn auch aus verschiedenen Gründen – einig, daß der Bau einer Autostraße nicht aktuell ist. Die Insel soll nicht in einer Autoflut ersticken, die Ruhe und Erholung der Gäste zunichte machen würde.

Wissenswertes in Kürze

	Postleitzahl	Vorwahlnummer	Kurverwaltung	Einwohner	Gästebetten
Westerland	228	04651	811	12000	19000
Wenningstedt	2283	04651	41081	2000	6000
Kampen	2285	04651 04652	41091	800	3000
List	2282	04652	1015	3400	3200
Rantum	2281	04651	6076	600	2000
Hörnum	2284	04653	1065	1400	2500
Sylt-Ost					
Keitum	2286	04651	31050	2000	2000
Morsum	2281	04654	249	1100	650
Tinnum	228	04651	31792	2000	2200
Archsum	228	04654	251	200	200

Wettervorhersage: 01164 oder List 353
Zeitansage: 0119
Fernsprechauftragsdienst: 0114
Veranstaltungen: 1156
Notruf: 110

Inselrundfahrten: Sylter Verkehrsgesellschaft (im Sommer täglich ab Casino).
Rundflüge: ab Flugplatz Westerland durch Sylt-Flug.
Krankenhaus: Nordseeklinik/Nordsee-Sanatorium Tel. 04651/84-1
Krankenwagen: Tel. 04651/6666.
Apotheken: Insel-Apotheke Westerland, Friedrichstraße 17, 04651/7210, Nordsee-Apotheke Westerland, Strandstraße 18, 04651/22677, Friesenapotheke Westerland, Friedrichstraße 3, 04651/5169, Sylt-Apotheke Westerland, Wilhelmstraße 7, 04651/6390.
Reisebüros: Hapag/Lloyd in Westerland, Wilhelmstraße (23682); Reisebüro Hörnum (1001).
Campingplätze: Westerland (südliche Ortsausfahrt), Wenningstedt (Segelfliegerschule), Kampen (südliche Ortsausfahrt), Rantum (Rantum-Becken), Hörnum (Ortsausfahrt).
Jugendherbergen: Möwenberg bei List (04652/397) und Hörnum (04653/294).
Zeitungen: Sylter Rundschau und Sylter Tageblatt, Westerland, Andreas-Dirks-Str. 14 (7150), Südschleswigsche Heimatzeitung, Westerland (22941), Kurzeitung Sylt, Westerland, Friedrichstr. 17, (7270).
Gottesdienst: Evang. Kirchen und Kapellen in Westerland, Wenningstedt, List, Rantum, Hörnum, Keitum und Morsum. Kath. Kirchen (Kapellen) in Westerland, List, Rantum und Hörnum.
Museen: Sylter Heimatmuseum und Altfriesisches Haus, Keitum.
Kurhäuser: Westerland (21658) und Wenningstedt (41446).
Tierheim: Keitum (3801).
Kinderheime: Westerland: Birkenhof, Birkenweg 3, 24556; Fröhlich, Dr.-Roß-Straße 19, 24109; Hans im Glück, Süderstraße 40, 22524; Nordmark, Bismarckstraße 17, 22959.
Blinkfüer, Braderup, 42485.
List: Klappholttal, 7110.
Rantum: Arbeitsgemeinschaft Deutsches Schleswig, 23518.
Jugendheime
List: Möwenberg, 360.
Hörnum: Fünf-Städte-Heim, 1043; Gemeinnütziger Verein für Jugenderholung, 311; Möwennest, 1096; Puan Klent, 1041.

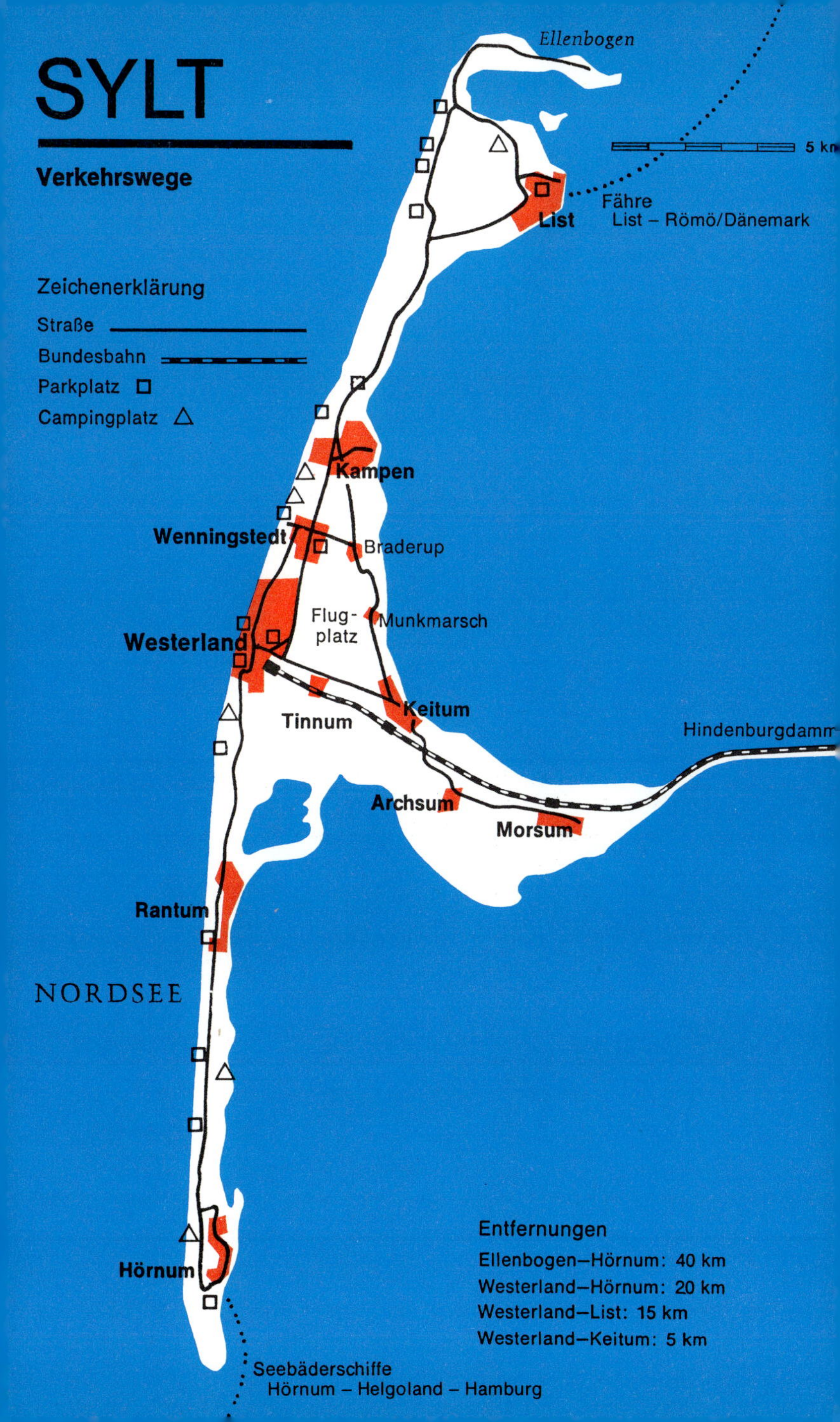
SYLT
Verkehrswege
Zeichenerklärung
Straße
Bundesbahn
Parkplatz
Campingplatz
Ellenbogen
5 km
Fähre
List – Römö/Dänemark
List
Kampen
Wenningstedt
Braderup
Flug-
platz
Munkmarsch
Westerland
Keitum
Tinnum
Hindenburgdamm
Archsum
Morsum
Rantum
NORDSEE
Hörnum
Entfernungen
Ellenbogen–Hörnum: 40 km
Westerland–Hörnum: 20 km
Westerland–List: 15 km
Westerland–Keitum: 5 km
Seebäderschiffe
Hörnum – Helgoland – Hamburg

10 Sylter Bäder und Luftkurorte

Metropole Westerland

Inmitten des sommerlichen Gewimmels ankommender Bleichgesichter und abfahrender Braungebrannter wird auf dem Westerländer Kopfbahnhof jedem klar, daß er sich auf der Drehscheibe des Sylter Verkehrs und nicht mehr weit von der See befindet. Die Taxischlangen vor dem Bundesbahnhof vermitteln einen Vorgeschmack auf das Fluidum dieses internationalen Spitzenbads. Durch eine der nicht gerade seltenen Einbahnstraßen trägt uns der Verkehrsstrom in das deutsche Ostende, in dem nur 12 000 Insulaner leben, aber jedes Jahr über eine Million mal Fremde übernachten. An Läden, Restaurants, Cafés und Hotels aller Preislagen vorbei gelangen wir ganz von selbst ins Zentrum dieses meistbesuchten deutschen Nordseebads und stehen staunend vor den Hochhäusern im Kurzentrum. Sie und die weiträumigen Strand- und Badeanlagen haben Fremdenverkehrsexperten Westerland das nordeuropäische Cannes nennen lassen.

Dabei ist Westerland erst gut 500 Jahre alt. Nachdem 1436 das südwestlich gelegene Eidum in einer Sturmflut untergegangen war, gründeten seine Bewohner das neue Dorf. Viel mehr als das Baumaterial und das wertvolle Inventar für die Alt-Westerländer Kirche hat man nicht retten können, und auch in den folgenden Jahrhunderten warfen Fischfang, Landwirtschaft und Strandgang keine Reichtümer ab. Das änderte sich, als 1855 Dr. med. Roß aus Altona das Dorf zum Seebad machte, auf die Heilkräfte und die Schönheit Sylts hinwies und die ersten »Cur-Carten« ausgegeben wurden. Die Anreise erfolgte damals von Husum aus per Dampfschiff nach Nösse; dort stiegen die Unternehmungsfreudigen auf ein Pferdefuhrwerk um. Nur zögernd tauchten am Westerländer Strand Badekarren auf, entstanden Warte- und Frühstückszelte. Einen großen Sprung nach vorn machte der Fremdenverkehr der Insel mit dem Bau der Inselbahn Hörnum – Westerland und des Anlegers an der Südspitze. Nun konnten die Badegäste ab Hamburg auf »Schnelldampfern« Sylt erreichen. Auch nach Gründung des Familienbades im Jahre 1902 blieb das Damenbad streng bewacht, und die Junggesellen durften nicht ins Fami-

lienbad. Trotz der Bedenken wegen des »die Sittlichkeit untergrabenden Erwerbs« war die ideal gelegene Siedlung 1905 soweit herangewachsen, daß sie Stadtrechte erhielt. Die Zahl der in langen Kleidern promenierenden Damen, der Herren im dunklen Anzug und der Kinder in Matrosenjacken stieg von Jahr zu Jahr. Unter ihnen waren nicht wenige Adelige, Offiziere, Diplomaten, Dichter, Geld- und Geistesgrößen. Wie stürmisch und wenig organisch die Stadt wuchs, zeigt uns ein Gang an den Friedhof der Heimatlosen, der ursprünglich in der offenen Heide lag.

Erst in den letzten Jahren versuchten die Westerländer Stadtplaner mit Erfolg, ihrem Badeort ein Gesicht zu geben. Die Bauten der »Gründerjahre« verschwanden immer mehr, und es schossen Appartementshäuser, moderne Geschäftsbauten und Lokale aus dem mageren Boden. Die über 50 m hohen Hochhäuser, in denen im Sommer mehrere tausend Menschen wohnen, bestimmen mit ihren fast 20 Stockwerken nicht nur das Bild des Kurzentrums, sondern der ganzen Seeseite Westerlands. Daß die rasante Veränderung der Struktur und damit auch der Atmosphäre der Stadt von ihren Bürgern und Gästen begrüßt und auch bedauert wird, soll nicht unerwähnt bleiben. Die Freunde der Beschaulichkeit werden sich damit trösten, daß die Umgebung der Metropole so ursprünglich bleibt, wie sie auch von den Westerländer Gästen gern gesehen wird.

Das Herz des Heil- und Vergnügungsbades schlägt an allen nur einigermaßen guten Sommertagen am Strand. Bis zu 20 000 Gäste, Urlauber und Ausflügler bevölkern dann die beiden Strandabschnitte, den Hauptstrand vor der Stadt und den FKK-Abschnitt südlich davon. Wohin man sieht: Familien in zahllosen Sandburgen, Sonnenhungrige in 3 500 Strandkörben und alle Altersstufen in der Brandung. Die 2 km lange Kurpromenade bildet die Hauptachse, der große Musikpavillon den Mittelpunkt des Bade- und Kurlebens. Oft schon vor dem Flaggenhissen treffen sich die Frühaufsteher am Sturmbläser. Ihnen folgen wenig später die möwenfütternden Vogelfreunde, die Kurtrinker und Briefeschreiberinnen, Zeitungsleser und Speiseeisschlecker und die vielen anderen, die nicht mehr und auch nicht weniger tun, als lange an der Brüstung der Promenade zu lehnen und sinnend aufs Meer hinauszusehen. Die Freunde der Musik können sich dann nicht weniger als dreimal täglich einer guten Mischung von Bewährtem und Modernem hingeben. Musikpreisrätsel, erfüllte Musikwünsche und Konzerte für Kinder bieten den Dauergästen genügend Abwechslung.

Die Jüngeren und jung Gebliebenen genießen das eindrucksvolle Panorama promenierend, um zu sehen – und gesehen zu werden.

Auch wenn es den Abgehärtetsten nicht mehr an den Strand zieht, können sich alle Badeenthusiasten ihr Seewasserbad gönnen, im Wellenbald. Dort herrscht im 35 m langen und 15 m breiten Becken auch im Winter eine Temperatur von ca. 24 Grad. Eine Wellenmaschine verschafft uns auch in der verglasten Halle das vielgepriesene Brandungsbad, hier mit 80 cm hohen Wellen. Da das Wasser täglich erneuert wird, kann es ungechlort bleiben und behält so seine Heilwirkung. Die Gefahr einer anschließenden Erkältung wird durch kaltes Duschen weitgehend gebannt.

Die Friedrichstraße wird oft als der Westerländer Ku-Damm bezeichnet. Jeder zehnte ist auch Berliner. Ihm liegt dieses Modebad offensichtlich. Eleganz und vornehme Welt Suchende werden hier selten enttäuscht. Die stattliche Zahl vornehmer und origineller Lokale, Cafés und Bars macht die Friedrichstraße zum Ziel derer, die die Nacht zum Tage werden lassen. Glückliche und solche, die das Glück suchen, finden sich im Kurhaus-Casino ein, die weniger riskierenden Gäste im Strand-Casino. Das »Monte Carlo der Nordsee« ist längst nicht mehr das Ziel nur reicher Leute. Viele Besucher schätzen hier mehr die besondere Atmosphäre als den hohen Gewinn. Als Rettungsanker für

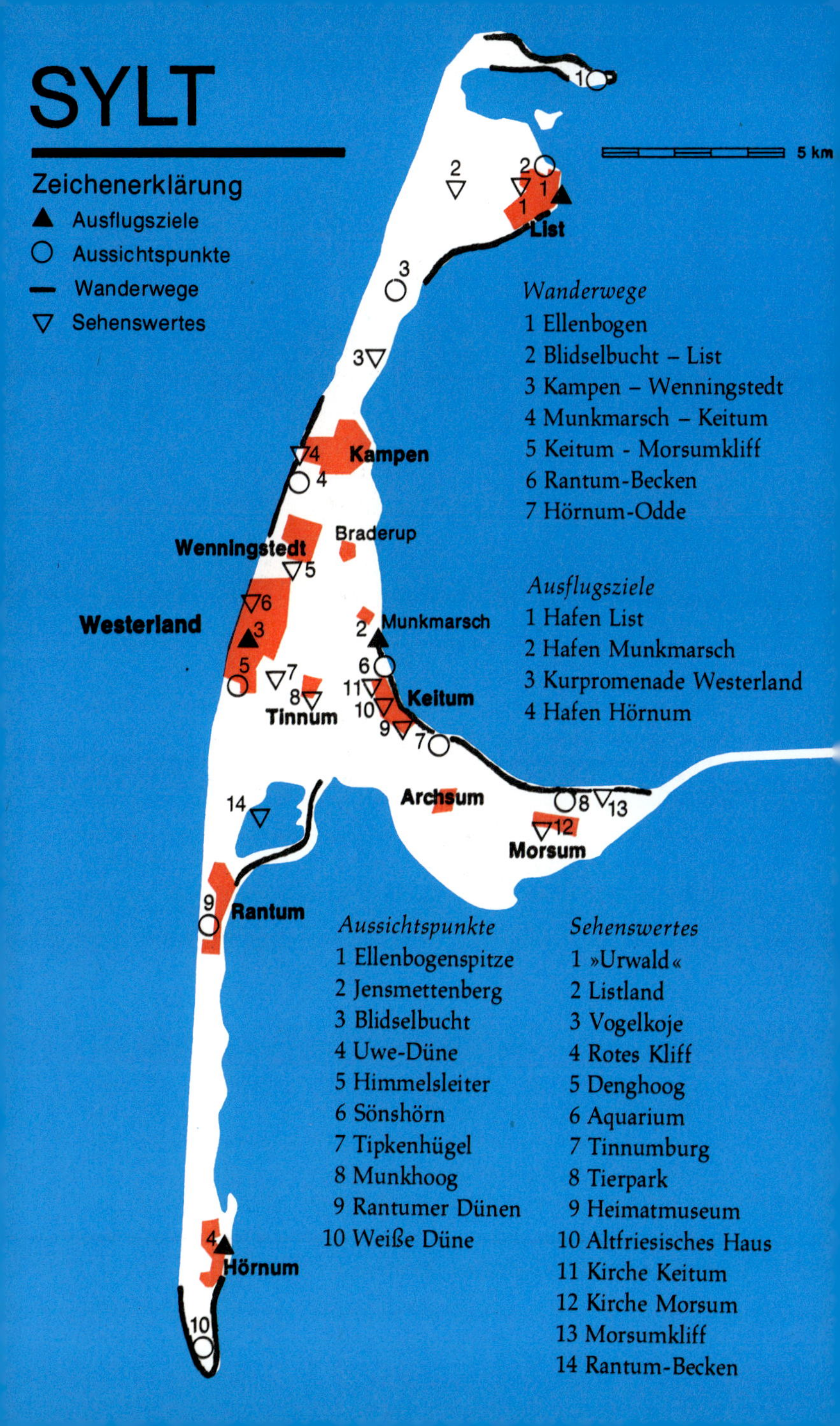
SYLT
Zeichenerklärung
Ausflugsziele
Aussichtspunkte
Wanderwege
Sehenswertes
5 km
List
Kampen
Braderup
Wenningstedt
Westerland
Munkmarsch
Keitum
Tinnum
Archsum
Morsum
Rantum
Hörnum
Wanderwege
1 Ellenbogen
2 Blidselbucht – List
3 Kampen – Wenningstedt
4 Munkmarsch – Keitum
5 Keitum - Morsumkliff
6 Rantum-Becken
7 Hörnum-Odde
Ausflugsziele
1 Hafen List
2 Hafen Munkmarsch
3 Kurpromenade Westerland
4 Hafen Hörnum
Aussichtspunkte
1 Ellenbogenspitze
2 Jensmettenberg
3 Blidselbucht
4 Uwe-Düne
5 Himmelsleiter
6 Sönshörn
7 Tipkenhügel
8 Munkhoog
9 Rantumer Dünen
10 Weiße Düne
Sehenswertes
1 »Urwald«
2 Listland
3 Vogelkoje
4 Rotes Kliff
5 Denghoog
6 Aquarium
7 Tinnumburg
8 Tierpark
9 Heimatmuseum
10 Altfriesisches Haus
11 Kirche Keitum
12 Kirche Morsum
13 Morsumkliff
14 Rantum-Becken

von finanziellen Sorgen Gequälte eignet sich auch diese Spielbank nicht.

Als Ziel für Spaziergänger können der Friedrichshain und das Wäldchen im Süden empfohlen werden.

Nicht nur den Westerländer Gästen ist ein Besuch des Nordsee-Aquariums (neben dem Wellenbad) zu empfehlen. In einem früheren Bunker sind nicht nur Tiere der Nordsee, sondern auch tropischer Gewässer zu sehen. Die Seehunde Jeremias, Jonny und Robby lassen sich gern füttern. Besonders erwähnenswert ist, daß hier gesetzte junge Seehunde auch groß wurden.

Veranstaltungen

50 verschiedene Veranstaltungsformen! a) regelmäßig: Strandgymnastik, Kurmusik, Inselrundfahrten, Wattwanderungen, inselkundliche Wanderungen, Fotowanderungen, Führungen durch die Kurmittelhäuser, Schwimmunterricht, Kinderfeste, Kursport, (Boccia, Minigolf, Tennis), KK-Schießen, Schachspiel . . .

b) wechselnd: Farblichtbilder-Vorträge, Filmveranstaltungen, Kurtheater, Kabarett, Tanzturniere, Mißwahlen, Klavierabende, Sinfoniekonzerte, Modeschauen, Bordfeste . . .

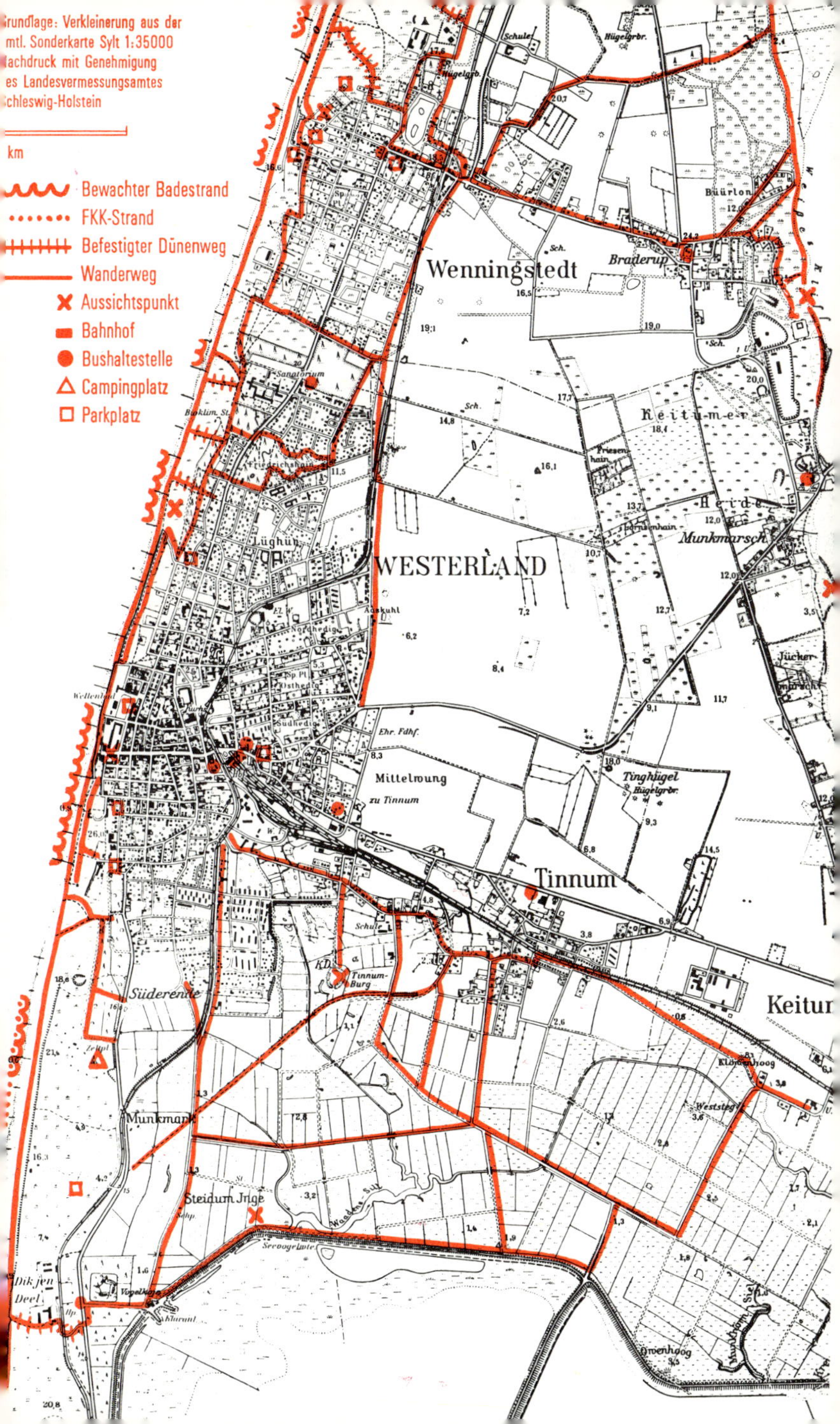

rundlage: Verkleinerung aus der
mtl. Sonderkarte Sylt 1:35000
achdruck mit Genehmigung
es Landesvermessungsamtes
chleswig-Holstein
km
Bewachter Badestrand
FKK-Strand
Befestigter Dünenweg
Wanderweg
Aussichtspunkt
Bahnhof
Bushaltestelle
Campingplatz
Parkplatz
Wenningstedt
Braderup
Büürlon
Keitumer
Heide
Munkmarsch
WESTERLAND
Friedrichshain
Sanatorium
Lüghun
Nordhedig
Osthedig
Südhedig
Mittelwung zu Tinnum
Tinghügel
Tinnum
Tinnum-Burg
Keitum
Süderende
Munkmark
Steidum Jnge
Weststeg
Klöckenhoog
Owenhoog
Dikjen Deel
Vogelkoje
Seevogelwie

Familienbad Wenningstedt-Braderup

Der Sage nach sollen die Angelsachsen Hengist und Horsa 449 n. Chr. von hier aus auf ihren Wikingerbooten nach England gefahren sein. Vor 1000 Jahren lag die Küste etwa 2 km westlich der heutigen Abbruchkante, und 200 Schiffe der Sylter Heringsfischer sollen im Alt-Wenningstedter Hafen beheimatet gewesen sein. 1362 wurden Siedlung und Hafen ein Opfer der »groden Manndrenke«, einer verheerenden Sturmflut. Nun ist die Westküste der Insel nicht nur hafenlos, sondern für die Schiffahrt sogar gefährlich. Der nördliche »Vorort« Westerlands führt im Wappen einen goldenen Wikinger-Steven, der aus der Nordsee ragt.

Das neue Wenningstedt hat zwei ganz verschiedene Gesichter. Der moderne Ortskern mit seinen neuzeitlichen Pensionen und seinem 1959 fertiggestellten Kurmittelhaus richtet seinen Blick nach Westen, vom hohen Roten Kliff hinunter auf die See; das idyllische Bauerndorf Braderup sieht nach Osten, aufs Wattenmeer. Das Kliff ist für Wenningstedt Kleinod und Sorgenkind zugleich. Kaum zu beschreiben, so eindrucksvoll ist der Blick von den beiden übereinander liegenden Promenaden aus auf Strandleben, Brandung und Nordsee. Häufige Abbrüche bereiten nicht nur den Landbesitzern und Hauseigentümern, sondern auch den Gemeindevätern Kummer. Häufig müssen Bauten zurückverlegt und Badeanlagen erneuert werden.

Da Wenningstedt keinen Vergnügungsbetrieb aufweist, ist es hier wesentlich ruhiger als im nahe gelegenen Westerland. Nicht irgendeine Straße, sondern der Dorfteich bildet den Mittelpunkt des aufstrebenden Ortes. Diese frühere Wehle (ein Meereseinbruch) wird nun von Schwänen, Enten und Möwen bevölkert. Der Ortsteil Braderup ist Dorf geblieben, also ideales Urlaubsdomizil für jene, die auf möglichst viel Ruhe Wert legen.

Vorträge, Wanderungen, Kinderfeste, Gastspiele des Landestheaters und anderes mehr, bieten dem Erholungsuchenden mehr Abwechslung.

Der Denghoog

Ein beliebtes Ausflugsziel der Sylter Gäste ist der *Denghoog*. Unweit des Dorfteiches liegt das Hünengrab, das seinen Namen den einst dort

abgehaltenen Rechtsprechungs-Versammlungen (Denghoog = Thinghügel) verdankt. Das Interessanteste an diesem Ganggrab ist, daß man sogar hineinklettern kann, um sich von einem kundigen Führer unter den je 2 Tonnen schweren Decksteinen die Geschichte dieses über 4000 Jahre alten Hünengrabs, eines der bedeutendsten Nordeuropas, erzählen zu lassen. Es wurde um 2200 v. Chr. errichtet, also etwa gleichzeitig mit der Cheopspyramide. Ob das Grab Familiengruft einer Sippe, eines Königs oder eines erfolgreichen Heerführers war, ist nicht sicher. Die reichen Beigaben, Werkzeuge, Waffen, Gefäßreste und Bernsteinstücke lassen auf eine besondere Bedeutung der Anlage schließen. Als das Grab 1868 von dem Hamburger Professor Wibel geöffnet wurde, enthielt es auch noch Knochenreste. Die 5 m lange und 3 m breite Kammer diente mit dem 6 m langen Gang vielleicht zunächst als Wohn- und erst später als Grabstätte. Auf den 12 Tragsteinen ruhen 3 mächtige Decksteine: Findlinge aus Schweden, die zum Teil – Hinweis auf den langen Transportweg – den sogenannten Gletscherschliff aufweisen. Wie diese Findlinge allein durch Menschenkraft aufgesetzt wurden, wird uns wohl ein Rätsel bleiben. Erstaunlich ist jedenfalls, daß die Steinzeitmenschen solche Ungetüme von Felsblöcken ohne Maschinen nicht nur bewegen, sondern auch materialgerecht zusammenfügen konnten.

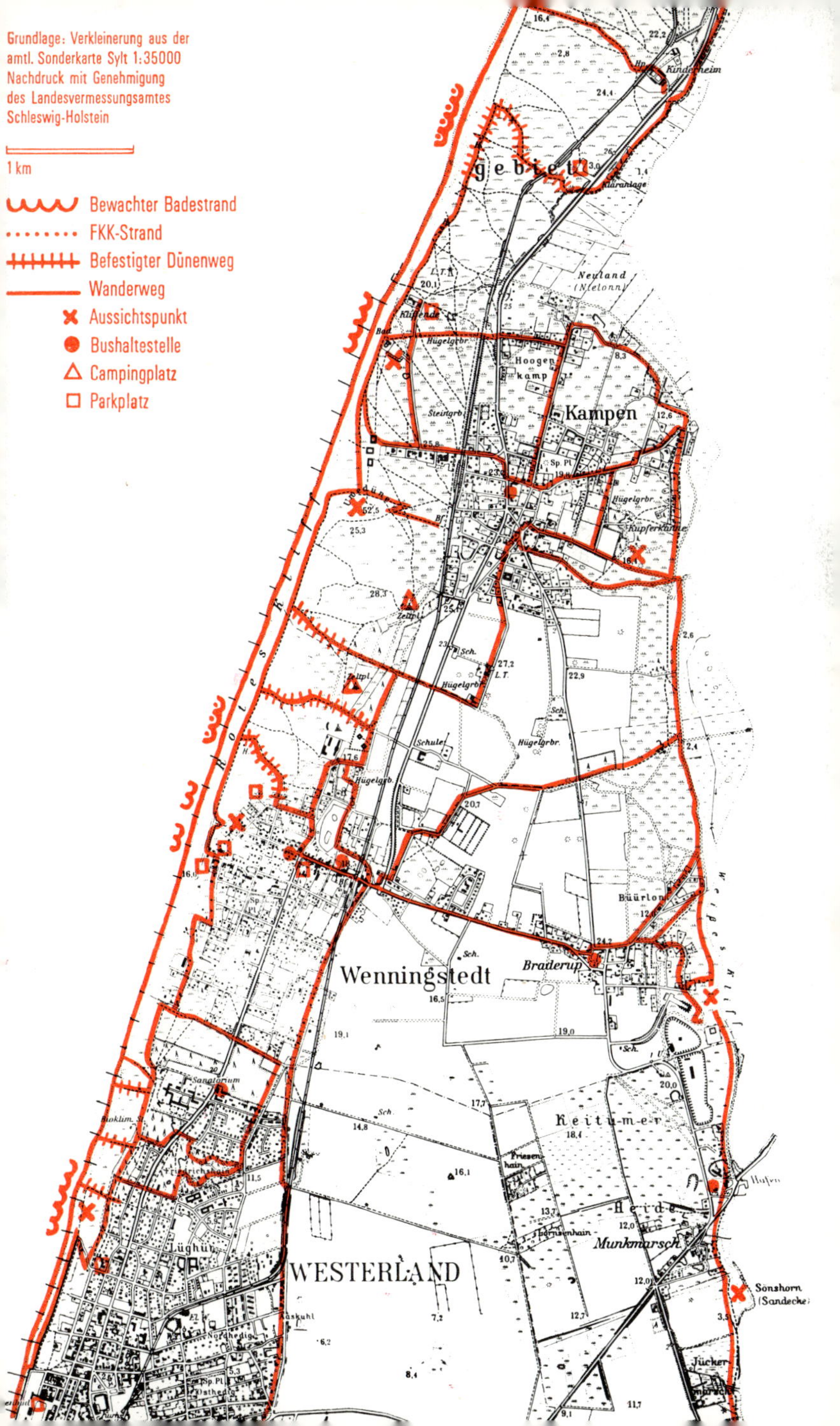
Grundlage: Verkleinerung aus der amtl. Sonderkarte Sylt 1:35000 Nachdruck mit Genehmigung des Landesvermessungsamtes Schleswig-Holstein
1 km
Bewachter Badestrand
FKK-Strand
Befestigter Dünenweg
Wanderweg
Aussichtspunkt
Bushaltestelle
Campingplatz
Parkplatz
Kinderheim
gebiet
Kläranlage
Neuland (Nielonn)
Kliffende
Hoogen kamp
Kampen
Hügelgrbr.
Steingrb.
Kupferkanne
Zeltpl.
Schule
Hügelgrb.
Büürlon
Wenningstedt
Braderup
Sanatorium
Keitumer
Heide
Friedrichshain
Lüghun
Munkmarsch
WESTERLAND
Sönshorn (Sandecke)
Nordhedig
Osthedig

Vornehmes Kampen

Schon von weitem besticht das Dorfbild durch den einheitlichen Baustil. Die weitverstreuten alten Backsteinhäuser tragen fast alle Reetdächer, und auch die neuen Villen sowie die komfortablen Bungalows strahlen unter der Weichbedachung Gemütlichkeit aus. Ein aus dem Jahr 1920 stammendes Ortsstatut (nur Reetdachhäuser mit geringem Abstand und einer Höhe von höchstens 8 m) sorgt dafür, daß Neubauten den für Kampen typischen Dorfcharakter nicht stören. Dazu gehören auch die vielen Vorgärten, in denen man die Heide bewußt in ihrem Urzustand beläßt. So bilden Tradition und Moderne eine gute Mischung.

Sehr abwechslungsreich sind hier die reizvollen Wanderwege. An zahlreichen bronzezeitlichen Grabhügeln vorbei führen sie durch Heide und Dünen, durch Wattwiesen und Naturschutzgebiete. Einen großartigen Rundblick über den Ort, hinaus auf die offene See und hinüber auf das Wattenmeer gewährt die 52 m hohe Uwe-Düne, die mit ihrem Namen an den friesischen Freiheitskämpfer Uwe Jens Lornsen erinnert. Von der Aussichtsplattform am höchsten Punkt der Insel herab erkennen wir bei sichtigem Wetter auch die hellen Dünen des Listlandes und verschwommen am Horizont das Festland. Das häufigste Ziel der Spaziergänger ist sicher das 30 m hohe Rote Kliff. Vor 200 000 Jahren von eiszeitlichen Gletschern hier liegengelassen, bietet die von der See angeknabberte Moräne zu jeder Tages- und Jahreszeit andere, immer aber eindrucksvolle Ausblicke. Im Sommer sehen wir auf das Burgendorf zwischen Kliff und Badestrand, im Herbst bei Sturm auf die aufgewühlte See. Oft ist dann das Wasser am Kliffuß rot vom zermahlenen Material der fast schutzlosen Steilküste, der jedes Jahr 1 bis 3 m von der frontal angreifenden Nordsee genommen werden. Unvergeßlich sind hier die Sonnenuntergänge, wenn die Sonne Kliff und Wolken rot färbt und schließlich purpurn am weiten Horizont untertaucht.

Diese idyllische Landschaft zwischen Meer und Meer wurde fast zwangsläufig zum Dorado der Individualisten, durch Persönlichkeiten der Literatur und der Kunst zum gern aufgesuchten Treffpunkt geistig interessierter Menschen. Maler, Schriftsteller, Philosophen, Komponisten und Schauspieler suchen hier ihr Urlaubsdomizil. In jedem Jahre finden Ausstellungen junger, bekannter und auch berühmter

Künstler statt, und so manches hier geschriebene Buch hat einen guten Platz in der Literatur. Kein Wunder, daß sich oft Prominente aller nur erdenklichen Bereiche neben den von See und Sylt Begeisterten in der Kampener Heide ein Sommerhaus bauen lassen.

Die kulturellen Veranstaltungen im Kaamp-Hüs können als besonders besuchenswert bezeichnet werden. Statt der üblichen Kurkonzerte werden Kammermusikabende mit bekannten Solisten geboten.

Die Volkshochschule Klappholttal verpflichtet jeden Sommer Referenten aus dem In- und Ausland zu ausgezeichneten wissenschaftlichen und allgemein interessierenden Vorträgen.

Ein beliebtes Ausflugsziel der Sylter Sommer-Insulaner ist die *Kampener Vogelkoje.* Die 10 ha große Fanganlage wurde 1767 nach holländischem Vorbild begründet und war bis 1921 in Betrieb. Auf dem viereckigen Teich schwammen zahme Lockenten, die ihre vorüberfliegenden Artgenossen durch Rufe auf das Süßwasser holten. Durch ausgestreutes Futter wurden sie in eine der 4 »Pfeifen« (gebogene, netzverspannte und von Blenden gesäumte Gräben) gelockt und schließlich von plötzlich hinter den Blenden hervortretenden Männern in die Reuse gejagt und dort getötet. Im Umkreis von mehreren Kilometern durfte während der Fangzeit nicht gesprochen werden, und um die menschliche Witterung der Kojenmänner zunichte zu machen, waren sie mit einem Rauchtopf bewaffnet. In den ertragreichen Jahren wurden etwa 30 000 Enten (besonders Pfeif-, Krick- und Stockenten) gefangen; mit Einsetzen des Fremdenverkehrs aber gingen die Fangzahlen so schnell zurück, daß sich der Kojenbetrieb nicht mehr lohnte.

Um so lohnender ist der Besuch der Vogelkoje (= Vogelruheplatz) nun für jeden naturkundlich Interessierten. Er wundert sich nicht wenig, auf dieser an sich waldarmen Insel rund um die stillgelegte Vogelkoje in üppiger Pflanzenwelt über 100, zum Teil recht seltene Arten anzutreffen. In diesem »Urwald« findet man neben Erlen, Pappeln und Weiden Faulbaum- und Holundergebüsche, in dichtem Unterholz Brombeere, Waldgeißblatt und sogar Königsfarn. Das seit 1935 unter Naturschutz stehende Gehölz erinnert nicht daran, daß Sylt, als es noch größer und Teil des Festlandes war, ausgedehnte Wälder besaß und Klimaverschlechterung, Meerwassereinbruch, Sandüberwehung und Verarmung des Bodens diese Wälder sterben ließen. Viele der hier nun vorkommenden Baum-, Strauch-, Stauden- und Kräuterarten wurden – um die Fangeinrichtungen gegenüber den Durchzüglern

zu tarnen – von Menschen gepflanzt, andere sind später in den Schutz bietenden »Urwald« eingewandert.

Nach wie vor schützt ein Damm vor Überflutung, wird der Teich (60 x 60 m) durch Süßwasserquellen gespeist, brüten außer Fitis, Zilpzalp, Rohrsänger, Rotkehlchen und Bekassine auch mehrere Entenarten hier.

1971 pachtete der Deutsche Bund für Vogelschutz die Vogelkoje, betreut nun die zum Reservat gewordene Fanganlage und baut sie im Sinne eines modernen Naturschutzes aus. Blockhaus (Ausstellungen, Vorträge, Bibliothek), Lehrpfade im urtümlichen Wäldchen und der immer bevölkerte Teich bilden nun ein aufsuchenwertes Informationszentrum.

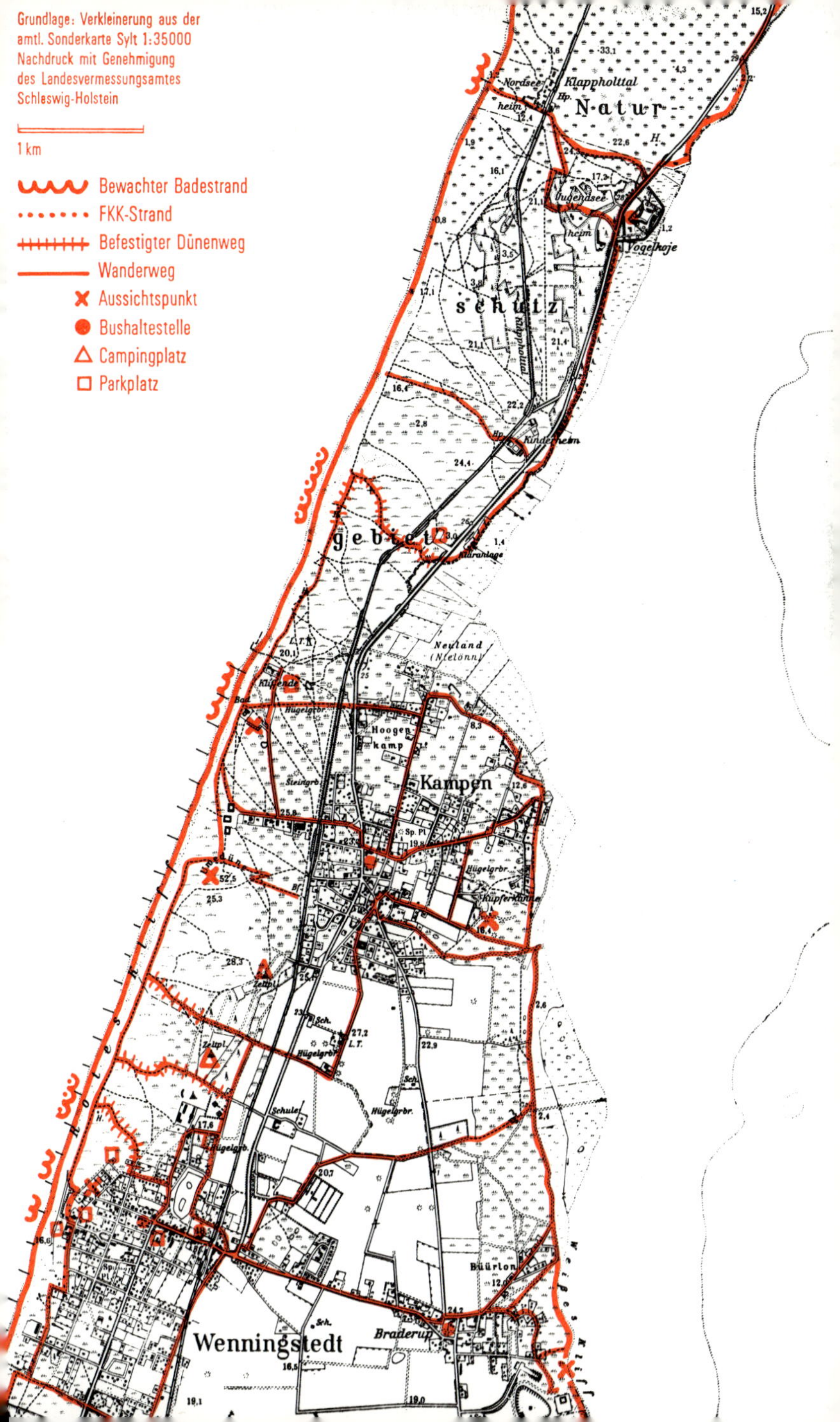
Grundlage: Verkleinerung aus der
amtl. Sonderkarte Sylt 1:35000
Nachdruck mit Genehmigung
des Landesvermessungsamtes
Schleswig-Holstein
1 km
Bewachter Badestrand
FKK-Strand
Befestigter Dünenweg
Wanderweg
Aussichtspunkt
Bushaltestelle
Campingplatz
Parkplatz
Nordsee
heim
Klappholttal
Natur
Jugendsee
Vogelkoje
schutz
Kinderheim
gebiet
Kläranlage
Neuland
(Nielönn)
Kliffende
Hoogenkamp
Kampen
Kupferkanne
Hügelgrbr.
Zeltpl.
Schule
Wenningstedt
Braderup
Büürlon

Weites List

Das erste List (Listum) lag westlich der Siedlung von heute und wurde wahrscheinlich in der Sturmflut von 1362 ein Opfer der See. Der Hafen, lange vorher schon ein wichtiges Glied der Nord- und Südeuropa verbindenden Salz- und Bernsteinstraße, wurde zur Erwerbsgrundlage des neuen, von Dänen begründeten Dorfes. 1866 wurde es deutsch. Der Erste Weltkrieg brachte dem Fischerdorf einen Luftschiffhafen, dem später eine Fliegerschule folgte. 1934 wurde List Garnisonsdorf, im Zweiten Weltkrieg Seeflughafen und beherbergt nun eine Marine-Versorgungsschule.

Neben den für die Wehrmacht gebauten Reihenwohnungen bestimmen die reetgedeckten Neubauten und der Fährhafen das Dorfbild. Wie jeder andere Hafen zieht auch dieser mit magischer Kraft viele Spaziergänger und Ausflügler an Anleger und gemächlich dümpelnde Wasserfahrzeuge. Beim Bummel durch das Dorf kommen wir auch an der Wetterwarte vorbei. Es ist die nördlichste Wetterstation Deutschlands, an der die Hochs und Tiefs für Sylt »gemacht« werden. Vier Meteorologen messen alle nur erdenklichen Klimafaktoren, sogar die Zahl der Blitze, werten sie aus und verschicken an die Kurverwaltungen die mit viel Interesse studierten Wetterkarten. An einem wichtigen Schnittpunkt von Hoch- und Tiefstraßen und damit an einem Angelpunkt kurz- und langfristiger Wettervorhersagen gelegen, dient die Wetterwarte vor allem der Sicherheit von Schiffahrt und Luftfahrt. Sehenswert ist eine Ausstellung von Meerestieren, -vögeln und -pflanzen im »Urwald«. In einem früheren Bunker findet der Besucher einen aufschlußreichen Überblick über die Tierwelt der Insel, des Strandes und der See. Es werden für Dioramen und Sammlungen erfreulicherweise keine Tiere geschossen, sondern nur Totfunde dafür präpariert.

Mehrere Lokale bieten schöne Rundblicke auf das Wattenmeer, die neue Strandhalle im Westen eine großartige Aussicht auf Dünen und offene See. Ein neuer, wegen der Lage im Naturschutzgebiet sehr umstrittener Ortsteil ist »Sonnenland« in der Blidselbucht.

Gleich, wohin unsere Spaziergänge führen, immer werden wir Schafen begegnen. Meist auffallend scheu, bevölkern die 1 000 Wolllieferanten das Listland, aber auch die Grünflächen im Ort. Die Besitzerzeichen verraten uns, daß sie alle den beiden Familien Diedrichsen

und Paulsen gehören, seit 250 Jahren Eigentümer des 16 qkm großen Listlandes. Die ihnen verbürgte »freie Weide« bedeutet für die Schafe uneingeschränkte Freizügigkeit, daß sie unbeaufsichtigt überall nach den besten Gräsern suchen dürfen. So entdecken sie die Gartenbesitzer nicht selten inmitten der mühsam dem Sandboden entlockten Blumen oder auch an den Beuteln mit den Frühstücksbrötchen. Um Zusammenstöße mit diesen Charaktertieren des nördlichen Sylt zu vermeiden, ist die Geschwindigkeit auf den schafwechselreichen Betonstraßen auf 40 km/Std. beschränkt. Nur zur Schur werden diese vielfotografierten Tiere zusammengetrieben und gleich wieder für ein ganzes Jahr in die Dünen geschickt. Wissenswert ist, daß der Thomas-Platz nicht etwa nach einem bedeutenden Mann, sondern nach einem legendären Schafbock dieses Namens benannt wurde.

Baden können die Lister Gäste am brandungsstarken Weststrand oder am ruhigen Wattstrand. Nicht weniger als 20 km Strand gehören zur Lister Küste, wahrlich ein Dorado für Individualisten. Das gefürchtete Gedränge am Burgenstrand gibt es hier nicht. Am Ellenbogen darf wegen der gefährlichen Strömungen aber nicht gebadet werden.

Das große Plus Lists sind die vielen Wandermöglichkeiten in Heide, Sand und Watt der Umgebung. Auf den vorgezeichneten Pfaden kann der wanderfreudige Urlauber *das Listland* durchstreifen. Um sich hat er dann die einzigen Wanderdünen der Bundesrepublik. Aus reinem Quarzsand bestehend, werden sie bis zu 35 m hoch und wandern – in zwei Wellen – jedes Jahr 3 bis 10 m weiter. Angreifer und Verteidiger zugleich, wandern sie mit unwiderstehlicher Kraft nach Osten und bilden gleichzeitig für den darunter liegenden Geestkern einen Schutzwall gegen den »blanken Hans«. »So stell ich mir die Wüste vor«, hat so mancher Naturfreund in diesem eindrucksvollsten Teil der Insel beteuert und damit die Bezeichnung »Sylter Sahara« bestätigt. Während an ruhigen Sommertagen in der vor Hitze flimmernden Luft wegen der Fülle reflektierten Lichts die Augen schmerzen und der Belichtungsmesser »verrückt spielt«, treibt im Herbst der Wind den losen Quarzsand an der Luvseite hoch und läßt ihn auf der Leeseite liegen, die Düne damit wandern. Besonders deutlich wird der Abbau an den Windrissen und Kessellöchern, der Aufbau an den mit Strandhafer gekrönten Kuppen. Man könnte mit Hilfe von Halmpflanzungen auch die letzten Wanderdünen ohne weiteres festlegen, tut es aber nicht, um diese urtümliche Landschaft zu erhalten. Kur- und Erho-

BN-S 850

lungsgebiete brauchen nahe gelegene, ursprünglich gebliebene Landschaften.

Um die Wanderdünen auch für künftige Generationen zu erhalten, dürfen sie nicht durch rücksichtsloses Verhalten einzelner zerstört werden. Das im Privatbesitz befindliche Naturschutzgebiet sollte nur

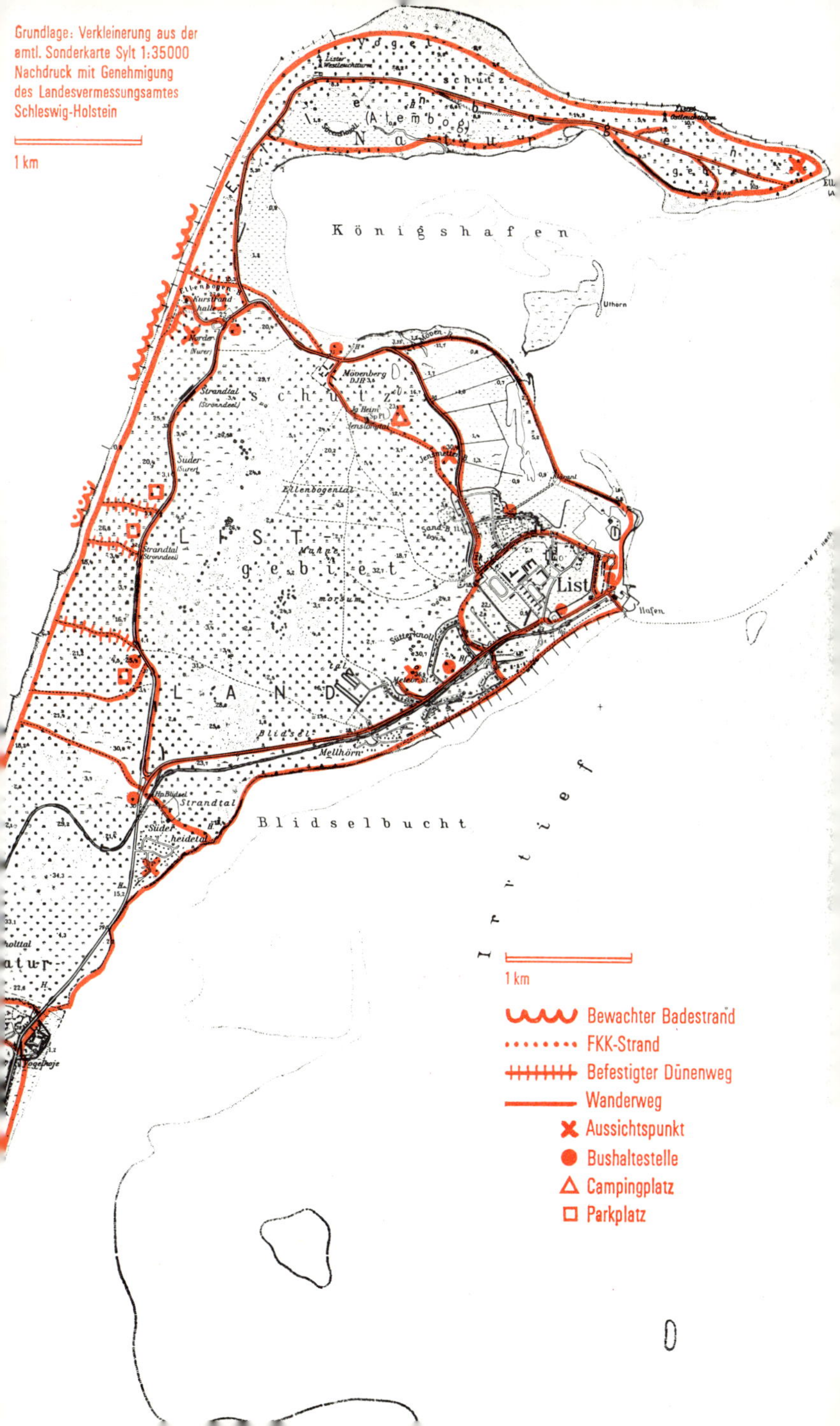
Grundlage: Verkleinerung aus der amtl. Sonderkarte Sylt 1:35000 Nachdruck mit Genehmigung des Landesvermessungsamtes Schleswig-Holstein
1 km
Vogelschutz
Naturschutzgebiet
(Altembog)
Lister Westleuchtturm
Lister Ostleuchtturm
Königshafen
Uthorn
Ellenbogen
Kurstrandhalle
Norder (Nurer)
Mövenberg
DJH
Strandtal (Stronndeel)
Jensmetten
Süder (Surer)
Ellenbogental
LIST-LAND
Mannemorsum
Sand B.
List
Hafen
Sütterknoll
Bf
Mellhörn
Blidsel
Strandtal
Süder heidetal
Blidselbucht
Lister Tief
Vogelkoje
1 km
Bewachter Badestrand
FKK-Strand
Befestigter Dünenweg
Wanderweg
Aussichtspunkt
Bushaltestelle
Campingplatz
Parkplatz

auf den bezeichneten Dünenwegen durchwandert und dadurch vor einem Zerstören des Bewuchses bewahrt werden.

Einst war diese Landschaft begeisternder Schönheit das Reich von Lütj Peer, dem Lister »Eierkönig«. Bis zu 5 000 Eier von Möwen, Seeschwalben und Enten erntete er jährlich, vermochte einen wütenden Stier auf die Erde zu werfen, sein Boot auf dem Nacken zu tragen und machte mehrfach hierher geflohene Leibeigene zu freien Menschen. Der Jensmettenberg erinnert an Jens und Marret, die die Sturmflut von 1362 als einzige überlebt haben sollen. Das Mannemorsumtal weist hin auf die Hexe Maren aus Morsum, die 1696 hier tot gefunden worden sein soll.

Geübte Fußgänger werden sicher auch einmal eine Wanderung rund um den Königshafen versuchen. Er hatte früher als gut geschützter Landeplatz eine große strategische Bedeutung, nicht nur 1644 als Schauplatz einer Seeschlacht zwischen einer dänischen und einer schwedisch-holländischen Flotte. Nun ist die Bucht versandet.

Noch vor 100 Jahren haben im Listland Tausende von Silbermöwen und anderen Seevögeln gebrütet, heute kaum einer mehr. Die stete Unruhe ließ sie abwandern. Letzte Reste der einst reichen Seevogelwelt können wir nun in der Vogelfreistätte Uthörn sehen, einer Insel zwischen der Jugendherberge Möwenberg und List. Auf der Sandbank brüten Seeschwalben, Austernfischer, Regenpfeifer, Möwen und Säger. Ein Vogelwart beaufsichtigt das vom Deutschen Bund für Vogelschutz betreute Gebiet und gibt während der Führungen Auskunft über Fragen des Seevogelschutzes.

Die Litoralstation (Wattenmeerstation) der Biologischen Anstalt Helgoland ist die nördlichste Forschungsstätte der Bundesrepublik. Ihre Aufgaben sind die marine Grundlagenforschung und die Erprobung von Aquakulturen (Ernährungsquellen in der See). Im Neubau stehen den Wissenschaftlern 5 Laboratorien, Kulturräume und eine Seewasserversorgungsanlage zur Verfügung. Seit Jahren führt die Station für Studenten und Lehrer einführende Kurse zur Meeresbiologie durch.

Zu empfehlen sind Inselrundfahrten mit dem »Lister« sowie Angel- und Ausfahrten mit der »Paluca«. Oft sind von diesem Motorboot aus unter Käpt'n Detlefs Führung Seehunde zu sehen.

Die Veranstaltungen der Kurverwaltung finden in der Schule statt, Konzerte in den Parkanlagen und Aufführungen auf der Freilichtbühne des »Urwaldes«.

ZUR SEEHUNDSBANK
SEETIERFANG MIT FAHRT UM DEN ELLENBOGEN
ZUM MAKRELENANGELN
Mittwoch
ABENDFAHRT
weil es so schön war
FAHRPREIS FREI!
Zollfreie Getränke
KARTEN IM KIOS
ODER
AN BORD
LUCCA

Gemütliches Rantum

Kein zweiter Ort Sylts hat eine so turbulente Geschichte hinter sich wie Rantum, das Dorf in den Dünen. Schon der Name (Rantum = Heim der Ran) deutet darauf hin, daß die See immer das Schicksal dieses Dorfes zwischen See und Wattenmeer war. Ran war die Göttin des Seetodes, ihr Gemahl Ekke der Wassergott und Herr des stillen Meeres. Die See gab Land, nahm es wieder, schickte Sand und holte sich ihn, brachte Reichtum durch Schiffahrt und Fischerei und Tod und Verderben durch Sturmfluten. Rantum lag ursprünglich viel weiter im Westen. Nach längerem Ostwind sind bei Niedrigwasser (besonders bei Springtide) noch Reste des einst wohlhabendsten Dorfes der Insel zu sehen. Von der Rantum-Burg ist nichts mehr da. Fruchtbare Felder erstickten unter Sand, der schließlich auch in die Häuser eindrang und die Bewohner daraus vertrieb. See und Sand drängten die Siedlung nach Osten in die auch langsam versandende Marsch. Vorher schon mehrfach durch Sturmfluten zerrissen, wurde um 1800 das dritte Rantum, von Flugsand zugedeckt, zum »sterbenden Dorf«. Welchen Einfluß Sand und Wasser auf die Geschichte Rantums hatten, zeigt uns der Lebenslauf des Strandvogtes Taaken. Er wurde in der 1757 zerstörten Kirche getauft, in der 1801 abgebrochenen Kirche getraut und – da auch diese dann nicht mehr war – auf dem Westerländer Friedhof beerdigt. Die Kirche, in der er getauft wurde, lag bereits am Grunde der Nordsee.

Nachdem das sagenumwobene Dorf zweimal das Opfer der See und zweimal vom Flugsand begraben wurde, schien vor einem halben Jahrhundert sein Schicksal besiegelt zu sein, und heute ist es einer der gesuchtesten Fremdenverkehrsorte Nordfrieslands. Wo 1925 ganze 7 Häuser waren, stehen nun viele moderne Reetdachbauten, idyllisch in den Dünen gelegen oder stolz auf den Kuppen thronend. Die bewährten alten und die modern eingerichteten neuen Pensionshäuser am Watt, in Strandhaferdünen oder Krähenbeerheiden gewährleisten ein gemütliches Ferien-Zuhause. Das neue »Haus des Kurgastes« bildet den Mittelpunkt des »Dornröschens der Sylter Bäder«. Die neue Kirche mit einem Satteldach aus Reet, modern und doch landschaftsgebunden, paßt sehr gut in das von Weichdächern geprägte Ortsbild. Immer sind es nur wenige hundert Meter, die zum feinsandigen, steinfreien Strand führen. Oft geht es auf bequemen Holzpfaden oder

durch saubere Dünentäler ab 9 Uhr vormittags an den relativ ruhigen Strand und nach 17 Uhr zurück ins heimelige Urlaubshäuschen.

Rantum liegt an der schmalsten Stelle der Südhalbinsel. Nur 800 m breit ist die Insel hier. Die Dünen, einst tödliche Gefahr, heute festliegend nicht wegzudenkende Landschaftsbestandteile, bieten großartige Ausblicke auf das stille Watt im Osten und auf die offene See mit ihren Brandungsbändern im Westen. Durch moorige Dünentäler mit Erica-Heide, Sonnentau und Wollgras kann man wandern, am Strand oder am Watt entlang wieder heimwärts streben. So werden sich in diesem stilvollen Dorf vor allem jene wohlfühlen, die nicht nur baden, sondern sich auch bewegen, schauen und beobachten wollen.

In der stattlichen Zahl von Naturschutzgebieten ist die *Vogelfreistätte Rantum-Becken* besonders erwähnenswert. Zwischen Tinnum und Rantum gelegen, ist dieses Paradies der Vögel auch von Westerland aus leicht zu erreichen. Das 1936 als Wasserflughafen angelegte, künstlich aufgestaute Becken wurde nach 1945 zum größten und artenreichsten Seevogelschutzgebiet der deutschen Küste. Es ist nicht sturmflutgefährdet, wird vom Verein Jordsand zum Schutze der Seevögel betreut und beherbergt zur Brutzeit über 50 Arten, darunter 150 Paare Regenpfeifer, 300 Paare Säbelschnäbler und 800 Paare Seeschwalben. Die Höckerschwäne sind schon von weitem zu erkennen, die Sturzflüge der Seeschwalben oft vom Deich herunter zu beobachten, mit Glück auch Rohrweihen in schaukelndem Flug und Kampfläufer auf ihren Turnierplätzen zu sehen und in den unzugänglichen Schilffeldern auch die Rufe von Rallen und Rohrdommeln zu hören. Eine Führung durch den Vogelwart ist immer ein Erlebnis; ohne ihn darf das Gebiet nicht betreten, wohl aber umwandert werden. Das lohnt sich besonders zur Zugzeit (September/Oktober und März/April), wenn Hunderte von Schwänen, Tausende von Enten und Hunderttausende von Strandläufern das wertvolle Schutzgebiet bevölkern.

Hörnum, Bad im Süden

Noch im 17. Jahrhundert war der Südzipfel der Insel ein berüchtigter Schlupfwinkel der Strand- und Seeräuber. Die weit in die See vorspringende Landspitze (»Hörn«, daher Hörnum) war wie geschaffen zum Auflauern und zum Verstecken der Beute. Bis Ende des vorigen

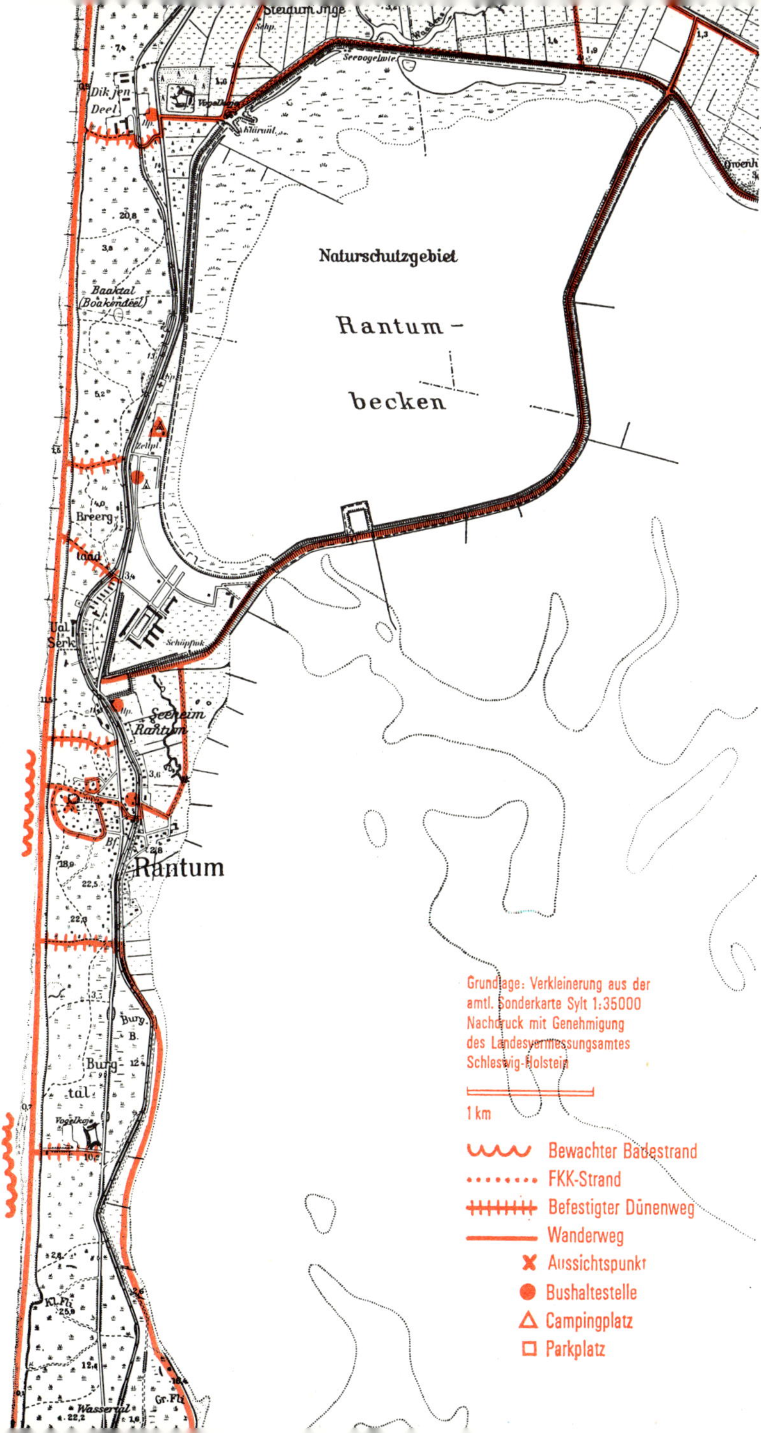

Naturschutzgebiet
Rantum-
becken
Rantum
Dikjen Deel
Baaktal (Boakendeel)
Breerg
Seeheim Rantum
Burg-
tal
Vogelkoje
Wassertal
Gr. Fli
Kl. Fli
Zeltpl.
Schöpfwk.
Grundlage: Verkleinerung aus der
amtl. Sonderkarte Sylt 1:35000
Nachdruck mit Genehmigung
des Landesvermessungsamtes
Schleswig-Holstein
1 km
Bewachter Badestrand
FKK-Strand
Befestigter Dünenweg
Wanderweg
Aussichtspunkt
Bushaltestelle
Campingplatz
Parkplatz

Jahrhunderts lebten die 30, 40 Einwohner Hörnums mehr schlecht als recht von der Küstenfischerei, der Schafzucht und dem Strandlaufen. Erst 1901 schlug die Geburtsstunde unseres Badedorfes, als die Schmalspur-Inselbahn Hörnum – Westerland gebaut wurde. Um die Sylter Gäste schneller, bequemer und billiger auf die Insel bringen zu können, schuf die Hamburg-Amerika-Linie in Hörnum einen neuen Anleger und eröffnete mit der heute fast legendären »Cobra« 1901 den Bäderverkehr Hamburg – Helgoland – Hörnum. Gleichzeitig entstand als Verkleidung für den Wasserturm, der die Versorgung des Ortes und der Schiffe übernahm, die »Ruine«. Sie war also nicht Klaus Störtebekers Weinkeller. 1907 war der für die Sylter Wasserstraßen überaus wichtige Leuchtturm Hörnum fertig. Im Ersten Weltkrieg entstand als Militärlager Puan Klent, ab 1935 zusammen mit dem Hörnumer Seefliegerhorst die Betonstraße nach Westerland.

Seebad ist Hörnum erst seit 1946. Wie es sich seitdem entwickelte, ist erstaunlich. »Sylts sonniger Süden« bietet heute so ziemlich alles, was der Gast eines kleinen Seebads erwartet: gepflegte Anlagen mit Ruhebänken, abwechslungsreiche Wanderwege mit schönen Ausblikken, ruhige Unterkünfte zu günstigen Preisen und viele Bademöglichkeiten. Gern promeniert der Gast am Watt entlang, freut sich über die gepflegten Gärtchen rund um die freundlichen Siedlungshäuser und findet bald Kontakt zu bunt zusammengewürfelten, aus allen Teilen Deutschlands stammenden Bevölkerung. Mehr und mehr werden die monoton wirkenden Wehrmachtsbauten optisch von den schmukken Reetdachhäuschen verdrängt, die wie große Puppenhäuser in den Dünentälern sowie auf deren Kuppen und Hängen stehen. Von ihren sonnigen Sitz- und Liegeplätzen aus sieht man auf die Krabbenkutter, Helgoland- und Ausflugsschiffe im Hafen, auf das weite Watt zwischen Insel und Festland, auf die offene Nordsee und auf den alles überragenden Leuchtturm.

Anlegestellen von Schiffen üben auf Binnenländer immer eine besondere Anziehungskraft aus. Deshalb wird auch der Hörnumer Hafen gern aufgesucht, um bei der Ankunft oder bei der Abfahrt der Helgoland-»Dampfer« am Südmolen-Ponton dabei zu sein, das Einlaufen der Krabbenkutter und das Löschen der leckeren Spezialität zu verfolgen. Gern nimmt man einen Beutel voll frischer Krabben mit nach Hause – und hat für eine Stunde seine Beschäftigung. Bei günstigem Wetter entführen Ausflugsboote die Sylter Gäste von hier aus nach Amrum, Föhr oder in die Welt der Halligen und zu den Seehundsbän-

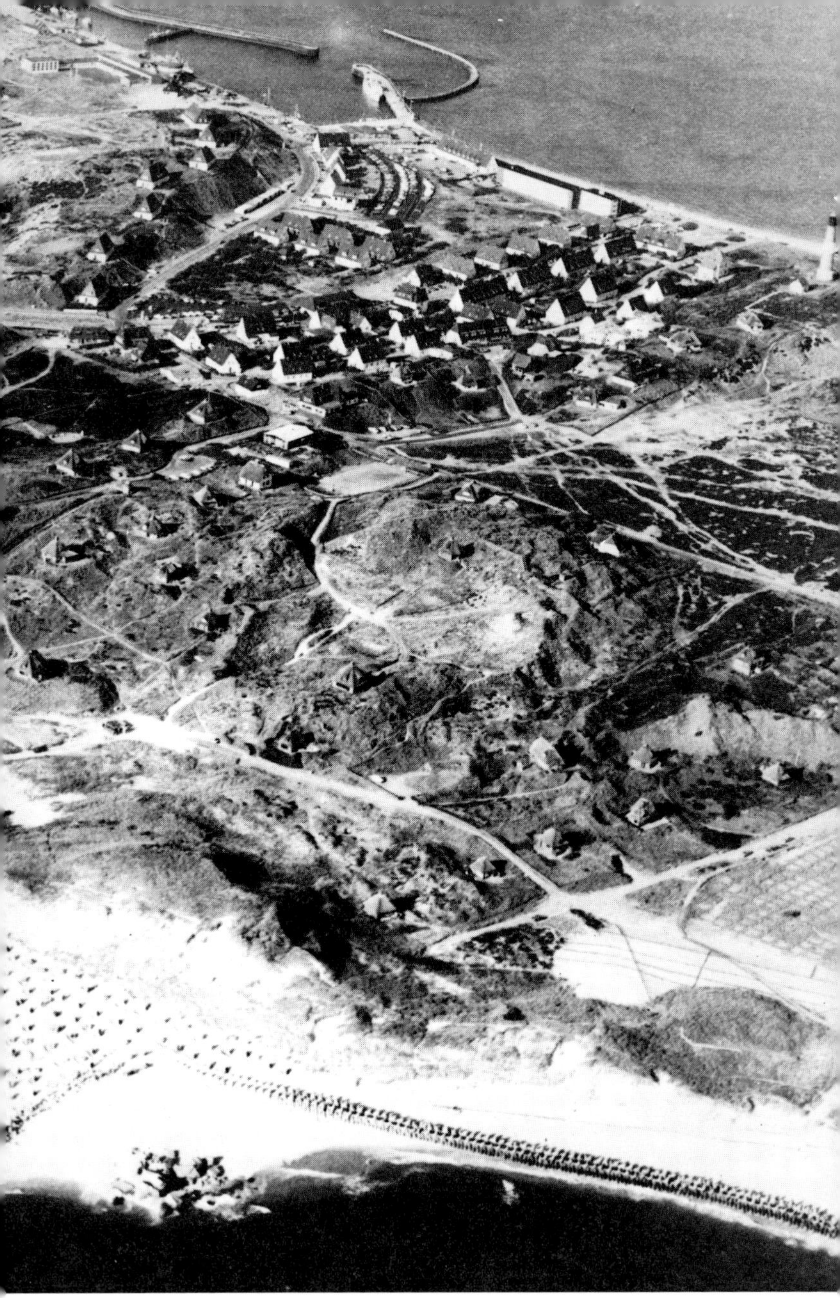

ken. Eine Helgolandfahrt gehört einfach zu jedem Sylt-Aufenthalt. Und abends feiert man auf einem Seebäderschiff ein Bordfest mit, läßt sich zu einer Mondscheinfahrt mit Tanz hinausfahren oder trinkt in einem der originellen Lokale Eiergrog mit »Pudelmütze« und »Hörnumer Feuer«.

Hörnum ist ein Seebad ohne Gedränge. Die weite Umgebung lädt buchstäblich ein zu Spaziergängen und kurzem Wandern. Ob wir nach Norden in die Wattwiesen gehen, am Weststrand die Wasserlinie entlanglaufen, durch die Odde stapfend dort die Ruhe genießen oder rund um die Südspitze wandern, selten werden wir das Gefühl haben, in einem »überlaufenen« Badeort zu sein. Wer Meer und Stille, Sonne, Seeluft und Sand liebt, ist hier gut aufgehoben.

Die von drei Seiten von der See umspülten Hörnumer Sandgebirge bieten erstaunlich viele Bademöglichkeiten. Nirgends stehen dem Sylter Gast so viele Quadratmeter Strand zur Verfügung wie hier. In

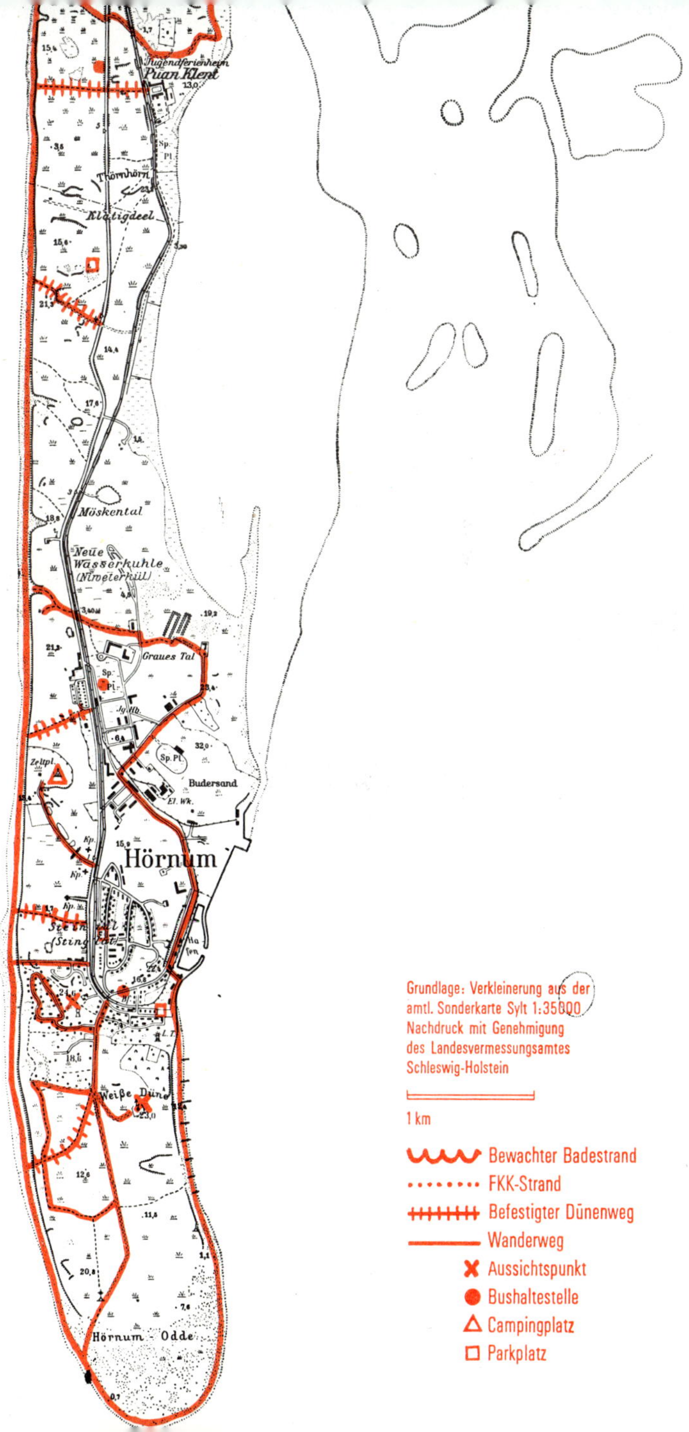

Grundlage: Verkleinerung aus der amtl. Sonderkarte Sylt 1:35000 Nachdruck mit Genehmigung des Landesvermessungsamtes Schleswig-Holstein

wenigen Minuten ist man am flachen Ost- oder am brandungsstarken Weststrand. Er ist zwar herrlich gelegen, aber nicht ungefährlich. Beachten Sie bitte deshalb genau die Anweisungen des Aufsichtspersonals und schwimmen Sie – vor allem bei Ebbe – nie zu weit hinaus. Vom Baden außerhalb des bewachten Strandes muß abgeraten werden, und am 5 km breiten Vortrapp-Tief ist wegen der starken und tückischen Strömungen das Baden verboten.

Während jedes Jahr ein Dünenstreifen von 3 bis 4 m Tiefe verlorengeht, wird die Odde um etwa 5 m länger. Daß dort die Natur sich in einem ständigen Prozeß des Wandels befindet, ersieht der Wandernde aus der großen Zahl der von der Strömung an Land geworfenen Muschelschalen. Der Budersandberg (32 m) soll früher Hexentanzplatz und Heimat von Pidder Lüng (Seeräuber und Freiheitskämpfer) gewesen sein.

Alle an der Natur Sylts und des Wattenmeeres interessierten Gäste haben Gelegenheit, sich im Informationszentrum der Schutzstation Wattenmeer einen Überblick über Landschaft, Flora und Fauna zu verschaffen.

Im Sommerhalbjahr veranstaltet die Kurverwaltung im Kursaal Vorträge, Gastspiele und Kindervergnügen, sogar Meisterkonzerte.

Sylt-Ost

Die Luftkurorte Keitum (mit Munkmarsch), Tinnum, Morsum und Archsum haben sich zur Gemeinde Sylt-Ost zusammengeschlossen. Ihren Gästen steht zum Baden der Rantumer Strand zur Verfügung.

Tinnum

Zwischen Watt und Meer, Geest und Marsch gelegen, wird der Luftkurort im Zentrum Sylts besonders von jenen aufgesucht, die ruhig und preisgünstig wohnen wollen. Sie haben wohl die Möglichkeit, auf guter Straße oder bequemen Kurwegen schnell an den Rantumer Strand zu kommen, werden aber ebenso oft in den umliegenden Salzwiesen oder am Vogelschutzgebiet Rantum-Becken entlang spazieren gehen. Die Landvogtei ist eines der ältesten Häuser Sylts, 1649 von dem friesischen Landvogt Peter Taken erbaut.

Im Süden Tinnums wurde vor wenigen Jahren ein »Vogel- und Wildparadies« eingerichtet. Wildschweine und Hirsche, Affen und

Waschbären, Meerschweinchen und exotische Vogelarten bevölkern Gatter und Volieren; Esel und Zwergponnies dienen Kindern zu ersten Reitversuchen.

Ein beliebtes Ausflugsziel auch der Westerländer Kurgäste ist die sagenumwobene *Tinnumburg.* Der Ringwall hat einen Durchmesser von über 100 und eine Breite von 20 m, ist ein Rest einer Burganlage aus der Zeit vor Chr. Geburt. Sylt hatte ursprünglich drei mächtige Ringwälle dieser Art, wahrscheinlich Teile eines ganzen Systems von Befestigungsanlagen. Während die Archsumburg abgetragen wurde, begrub die Rantumburg der Flugsand. So blieben nur die Reste der Tinnumburg, die ursprünglich wohl auch Kultstätte, später in Kriegszeiten Zuflucht für die Bewohner der umliegenden Dörfer oder Seeräuberschlupfwinkel war. Die eigentliche Aufgabe ist immer noch unbekannt. Die Wikingerburg wurde zu diesem Zweck auf einer kleinen Geestinsel angelegt und hatte eine Wasserverbindung zur See.

Archsum

Das friesische Bauerndorf hat ein ähnliches Klima wie die Bäder an der Westseite der Insel, bietet dem Gast einfache Unterkünfte und sichert ihm in den langgestreckten Reetdachhäusern die gesuchte Ruhe. Ein zwar junger, aber idealer Ferienort für Autobesitzer, die hier die Einsamkeit genießen wollen und je nach Belieben im eigenen PKW zum Baden die Westkante der Insel aufsuchen oder eines der vielen Ausflugsziele Sylts ansteuern können. Zu kleinen Wanderungen locken den Archsumer Gast im Süden die urtümlichen Wattwiesen mit ihren vielen Salzwasserpflanzen und einer reichen Vogelwelt. »Modjes Keller«, ein Hünengrab aus der Bronzezeit (1800 bis 600 v. Chr.), ist ein Hinweis auf die damals dichte Besiedlung der Insel.

Morsum

Der Luftkurort an der Ostspitze Sylts ist ein altes Dorf. Die typischen Inselfriesenhäuser mit den idyllischen Quartieren unter Reetdächern liegen weit verstreut inmitten von Wiesen und Kornfeldern. Diese

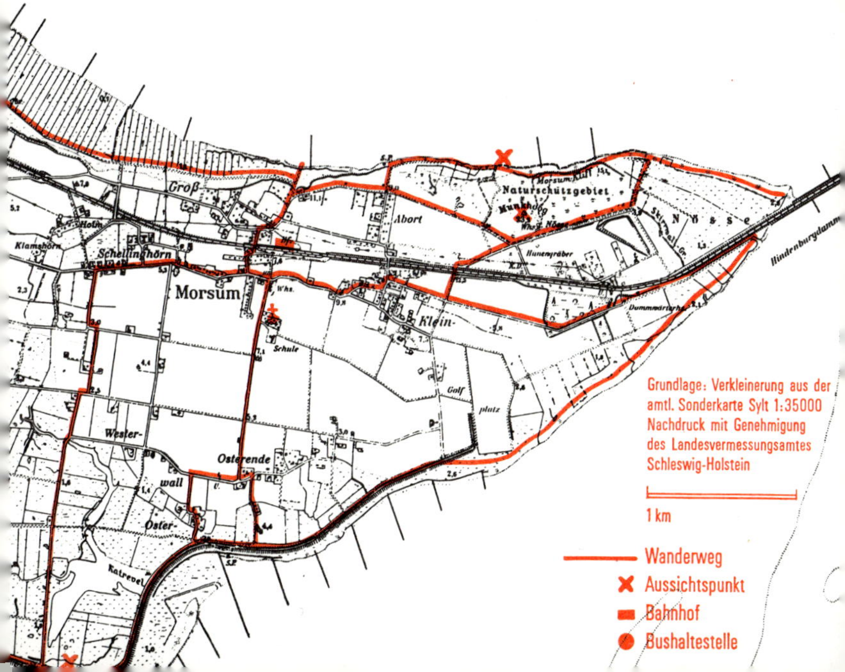

Umgebung garantiert eine ungestörte Nachtruhe, die intensiv betriebene Landwirtschaft Milch und Eier frisch von Kuh und Huhn. Die Einheimischen sprechen zum Teil noch friesisch.

Die romanische *St.-Martin-Kirche* aus dem 12. Jahrhundert ist wahrscheinlich die älteste von Sylt. Sie blieb ohne Turm, der Glokkenturm steht daneben. Das meterdicke Mauerwerk aus Findlingen und Granitquadern birgt den sehenswerten romanischen Taufstein aus dem 13. und eine Kanzel aus dem 17. Jahrhundert.

An drei Seiten von Watt umgeben, weist Morsum zahlreiche Wanderziele auf. Die Spaziergänge durch die Felder und Wattwiesen sowie an dem Deich vermitteln Einblicke in die Landwirtschaft. Beim Besuch des Naturschutzgebietes Morsumer Heide stoßen wir auf Grabhügel der Bronze- und Wikingerzeit, außerdem auf zahlreiche seltene Pflanzen. An windreichen Tagen sucht man im Nösse-Wäldchen Schutz. Zu jeder Jahreszeit lohnt sich eine Wanderung entlang des *Morsumkliffs*. Das geologisch sehr interessante Steilufer wird oft von jenen aufgesucht, die am Kliffabhang nach Versteinerungen aus der Braunkohlenzeit suchen.

Die Kurverwaltung bietet den Gästen Vorträge, Heimat- und Theaterabende.

Keitum, grünes Herz Sylts

Der üppige Baumwuchs zwischen den Friesenhäusern, die zahlreichen Obstbäume und Alleen geben Keitum ein ganz anderes Dorfbild, als wir es von den westlichen Sylter Badeorten gewohnt sind. Das wohltuende Grün bietet zusammen mit den Steinwällen rund um die Vorgärten der Ruhe ausstrahlenden Reetdachhäuser wertvollen Windschutz. Obwohl der schöne Baumbestand erst 100 Jahre alt ist, enthält er die schönsten Bäume der Insel. Das »grüne Herz Sylts« wird das Haufendorf mit den absonderlich gewundenen Straßen deshalb genannt und von den Ausflüglern Westerlands gern aufgesucht. Sie bummeln durch das Labyrinth schattiger Straßen, in denen nichts leichter ist, als sich zu verirren. Spaziergänger und Rundfahrtteilnehmer können hier in mehreren Webereien noch klappernde Webstühle sehen oder in einer Töpferei auf der Töpferscheibe das Werden einer Vase verfolgen. Die meisten zieht es auch hier ans Wasser, ans Grüne Kliff. Von einem idyllischen Wanderweg aus übersieht man das weite Watt, auf dem Ebbe und Flut weit besser zu beobachten sind als an der Westküste. Am Ende des Kliffs stößt der Ausflügler auf den Harhoog, ein jungsteinzeitliches Steingrab, das vom Flugplatz hierher verlegt wurde.

Die Keitumer Gäste wohnen nicht selten in gekachelten Friesenstuben, die noch wertvolles Gerät aus der »goldenen Zeit« der Sylter Walfänger und Schiffer bergen. Kapitäne, die im Dienste Hamburger, dänischer oder holländischer Reeder standen, wählten Keitum oft als Alterssitz und wetteiferten dann bei der Ausstattung ihrer Häuser. Das Kapitänsdorf war bis vor einem Jahrhundert die größte Siedlung der Insel und ihr wirtschaftlicher und verwaltungsmäßiger Mittelpunkt, von 1820 bis 1870 auch ihr Haupthafen. Heute ist es einer der schönsten Orte Nordfrieslands. Das schwermütige Watt auf der einen, das leicht zu erreichende lebensfrohe Westerland auf der anderen Seite, hat der Keitumer Gast tags und nachts viele Möglichkeiten des Erholens und des Erlebens. Gern nutzt er die natürliche Promenade und die Ruhebänke am Grünen Kliff. Das Baden (vor Munkmarsch) ist von der Tide abhängig; bei niedrigem Wasser können ausgedehnte Wattwanderungen unternommen werden.

Das beheizte Meerwasserschwimmbad am Watt weist 24 Grad warmes Wasser auf.

Im Dorfkern fällt den Vorübergehenden häufig ein schmuckes Friesenhaus mit Sonnenuhr auf, das *Uwe-Jens-Lornsen-Haus.* Als Sohn eines Kapitäns 1793 in Keitum geboren, studierte er in Kiel und Jena Jura, arbeitete in der deutschen Kanzlei zu Kopenhagen und war schließlich Amtmann von Sylt. In Wort und Schrift trat er für die Vereinigung der Herzogtümer Schleswig und Holstein und deren spätere Eingliederung in den deutschen Staat ein. Durch Festungshaft krank geworden, fand er auch auf weiten Reisen nicht das Gesuchte und beendete schließlich 1838 sein Leben in der Schweiz.

Keitum beherbergt zwei aufsuchenswerte Museen: Das *Sylter Heimatmuseum* und das *Altfriesische Haus.* Das Heimatmuseum enthält friesische Handwerkskunst, vorgeschichtliche Funde, Mitbringsel aus der Walfängerzeit, Alt-Sylter Hausrat, Trachten, Stopfpräparate von Vögeln und eine Lornsen-Sammlung. An der Tür steht die Inschrift: »Wat laft bi Heef en flocht aur Strän.« Was das wohl bedeutet? Das Altfriesische Haus, das Hausmuseum des Sylter Chronisten C. P. Hansen, zeigt uns die Wohnkultur der Inselfriesen des 18. und 19. Jahrhunderts, verrät uns manches vom Wohlstand vergangener Seefahrerzeiten. Beide Keitumer Museen gehören der Söl'ring Foriining, die sich um Natur und Kultur Sylts verdient gemacht hat.

Am nördlichen Dorfrand steht die *Seefahrerkirche St. Severin.* Man erzählt sich, daß sie, die Nieblumer Kirche auf Föhr und die Alte Pellwormer Kirche vom gleichen Baumeister gebaut worden seien, er auf einem Schimmel über Land von Baustelle zu Baustelle geritten wäre. Tatsächlich liegen die drei Gotteshäuser genau auf einer Linie. Eine Sage berichtet, daß Ing und Dung Turm und Glocke gestiftet hätten und die beiden eingemauerten Findlingshälften an der Westseite die Grabsteine der beiden wären. Sicher ist, daß die romanische Wehrkirche seit ihrem Bau im 12. Jahrhundert Wahrzeichen der Insel und wegen des hohen Turms (bis 1803 Inselgefängnis) Richtpunkt für die Küstenschiffahrt war. Sehenswert ist die romanische Taufe aus dem 17., der gotische Schnitzaltar aus dem 15. und die Kanzel aus dem 16. Jahrhundert. Die holländischen Kronleuchter wurden von wohlhabenden Seefahrern gestiftet. An der Empore hängt ein Porträt des Lehrers, Chronisten und Heimatforschers Chr. Peter Hansen. Die wertvolle Orgel hat einen wundervollen Klang, so daß im Sommer Kirchenkonzerte bekannter Organisten und Kammersänger für viele Musikfreunde aus allen Orten Sylts zu einem Urlaubserlebnis besonderer Art werden.

WASSER
26°

Sylter

1761

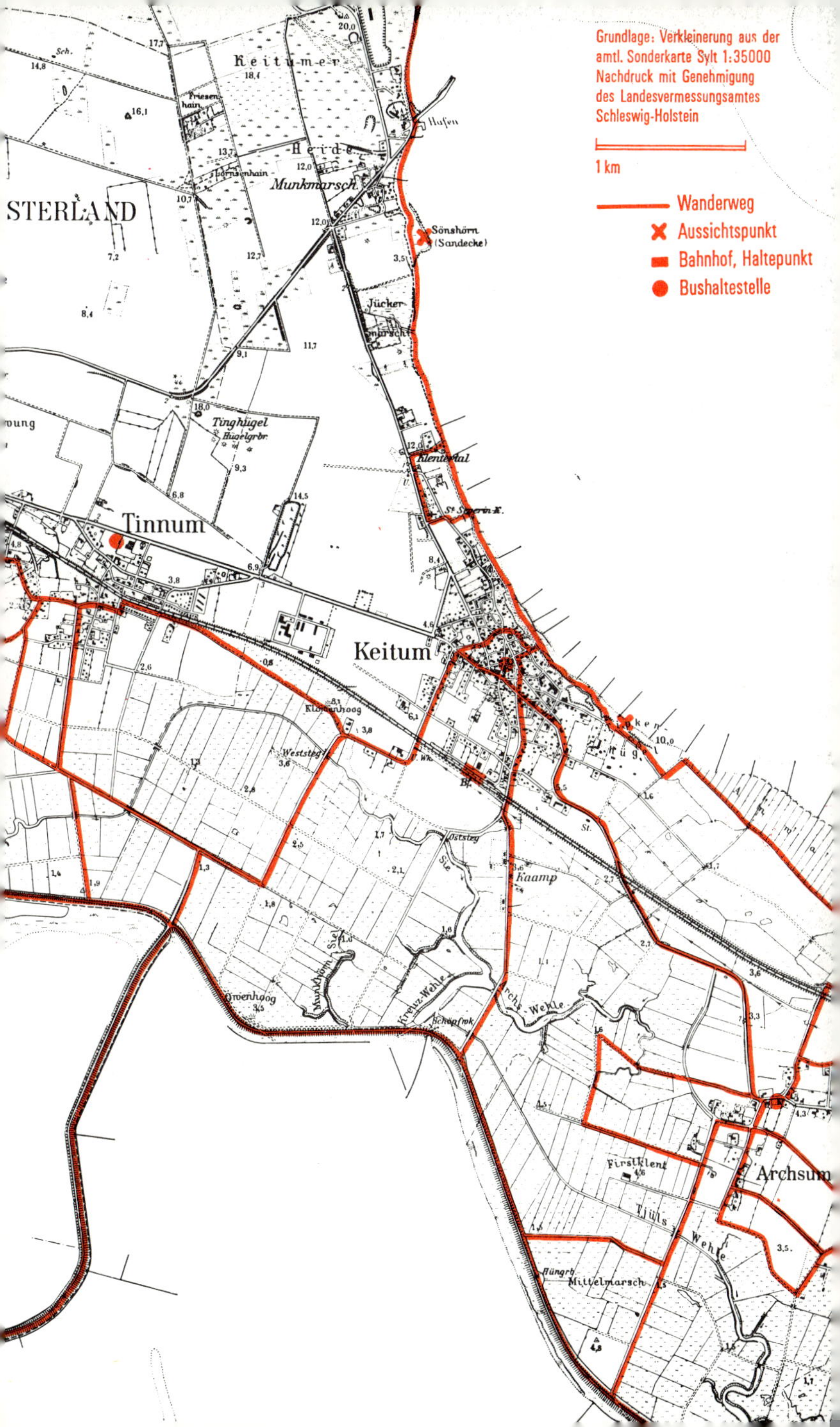

Grundlage: Verkleinerung aus der
amtl. Sonderkarte Sylt 1:35000
Nachdruck mit Genehmigung
des Landesvermessungsamtes
Schleswig-Holstein
1 km
Wanderweg
Aussichtspunkt
Bahnhof, Haltepunkt
Bushaltestelle
Keitumer Heide
Munkmarsch
Hafen
Sönshörn (Sandecke)
Jückermarsch
STERLAND
Tinghügel
Hügelgrbr.
Tinnum
Keitum
Klenterdal
Kloppenhoog
Weststeg
Oststeg
Kaamp
Munkhörn Siel
Kreuz-Wehle
Schöpfwk.
Ovenhoog
Archsum
Firstklent
Tjüls Wehle
Mittelmarsch

Unsere Ferieninsel

Sylt heute

Unsere Ferieninsel ist fast 40 km lang, aber nur 400 m bis 12 km breit. Sie bedeckt eine Fläche von knapp 100 qkm und gliedert sich in einen Mittelteil und drei »Halbinseln«, die von List, Hörnum und Morsum. Ihre höchste Erhebung hat sie mit 52 m auf der Uwe-Düne bei Kampen, wo die Landschaft auch am abwechslungsreichsten ist. An den Kliffs erkennen wir die Bauelemente der Insel, können damit auf ihre Entstehung schließen. Die Küstenformen sind für die relativ kleine Insel erstaunlich vielgesichtig. Während im Osten die Flachküste der Wattwiesen mit einer niedrigen Abbruchkante vorherrscht, bestimmen im Westen steile Dünenhänge und das senkrechte Rote Kliff das Landschaftsbild. Der leicht geschwungenen, ausgeglichenen Westküste gegenüber liegt die reich gegliederte, buchtenreiche Ostküste.

Während sich an der Westseite der Insel die Berührungslinie Land/Wasser kaum verlagert, wandert sie an der Ostseite im Rhythmus der Gezeiten über Kilometer hin und her. Sicher ist die Brandungsküste *das* Kapital der Insel; doch auch das Watt bietet Wasser und Wind, Sonne und Salz.

Auf 40 % der gesamten Inselfläche liegen *Dünen*. Sie sind mehr als Anhäufungen von Sand und wechseln auch dann das Aussehen oft, wenn sie festliegen. Es ändert sich mit dem Pflanzenkleid das Gesamtbild oft schnell und nicht nur dann, wenn im Vorsommer die Dünen mühsam mit Halmbüscheln bepflanzt werden. Die Dünen zwischen Strand und Inselstraße können als ein Abbild der See bezeichnet werden, anders jedes Tal, keine Kuppe der anderen gleich. Ein Reich des Sandes und der Sonne sind die Wanderdünen im Norden der Insel. Gleich riesigen Wogen weißen Sandes durchziehen sie, einen Kilometer lang und bis 35 m hoch, in Nordsüdrichtung das Listland, in den gewaltigen Kesseln dazwischen Heide und Moor begrabend, um beides nach Jahrzehnten wieder freizugeben. Das »Reich des weißen Todes« täuscht ein Bild der Ruhe vor; das Element dieser Landschaft ist wie in kaum einer zweiten die Bewegung. Jeder Besucher der Insel kann bei Sturm am Strand beobachten, wie Dünen entstehen, wie diese jungen Gebilde der Natur hinter Hindernissen immer größer

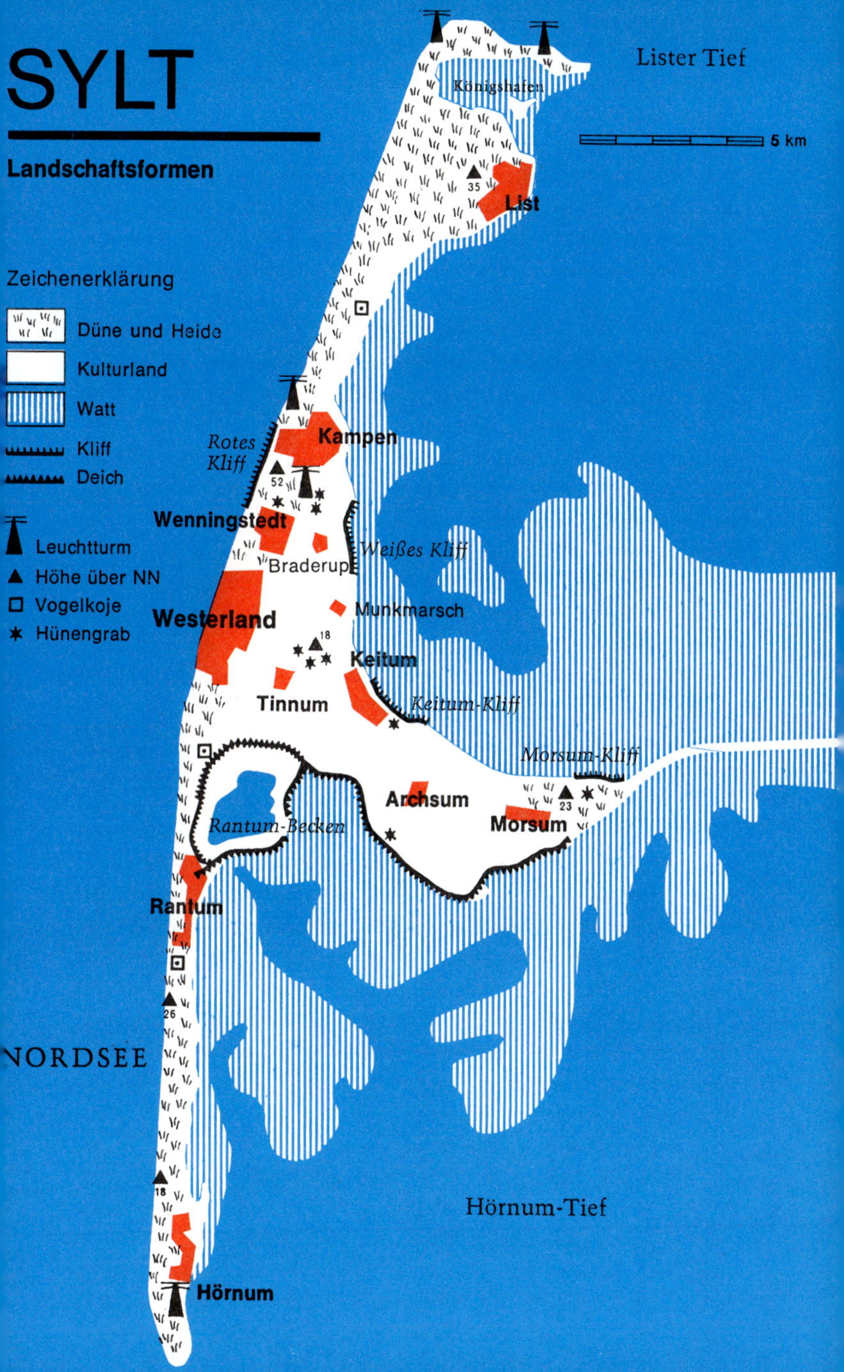
SYLT
Landschaftsformen
Zeichenerklärung
Düne und Heide
Kulturland
Watt
Kliff
Deich
Leuchtturm
Höhe über NN
Vogelkoje
Hünengrab
Lister Tief
Königshafen
5 km
35
List
Rotes Kliff
Kampen
52
Wenningstedt
Weißes Kliff
Braderup
Munkmarsch
Westerland
18
Keitum
Tinnum
Keitum-Kliff
Morsum-Kliff
Archsum
23
Morsum
Rantum-Becken
Rantum
26
NORDSEE
18
Hörnum-Tief
Hörnum

werden, um nach Monaten oder Jahren, von Pflanzen festgewurzelt, die Landschaft zu krönen.

Etwa 30% der Inselfläche sind *Geest*, magerer Sandboden, auf dem in relativ kleinen Flächen Hafer, Gerste und Roggen angebaut werden. Der eine Geestrücken bildet den Mittelteil der Insel; ein zweiter, kleiner Rücken trägt die Umgebung Morsums. Obwohl die Heide darauf heute lange nicht mehr so groß ist wie ehedem, haben wir beim Blick in die Heidetäler den Eindruck, in die hochnordische Tundra zu sehen.

Ein knappes Drittel der Insel ist jüngstes Land, *Marsch*. Die Bauerndörfer Tinnum und Archsum liegen darin, von fruchtbaren Weizenfeldern und fetten Viehweiden umgeben. Während es vor 20 Jahren auf Sylt noch 300 Bauern gab, sind es heute noch etwa 30. An die 250 Pferde (vor allem in Keitum und Morsum) werden nicht nur gehalten, sondern auch weitergezüchtet. Reitsport und Ringreiterfeste sorgten dafür, daß die Zahl der Pferde in den letzten Jahren wieder stieg.

Jenseits von Deich und »Anwachs« (vom Meer aufgebautes Vorland) beginnt dann die Welt der Watten mit ihren weiten Sand-, grauen Schlicksand- und grundlosen Schlickflächen, schmierseifeglatten Prielrändern und Bänken fest wie Straßenpflaster. Nur noch im Hochgebirge gibt es so große Flächen unberührter, unverfälschter Natur wie hier im Wattenmeer vor der Nordseeküste.

Das Wattenmeer zwischen Hindenburgdamm und Grenze ist seit 1937 als »Vogelfreistätte Wattenmeer östlich Sylt« Naturschutzgebiet. Die 20 000 ha großen Wattflächen sind ein wertvolles Rast- und Nahrungsgebiet für viele nordische Durchzügler, Sommer- und Wintergäste. Die Jagd ruht hier vollständig. Der Internationale Rat für Vogelschutz hat diesem bedeutenden Feuchtgebiet den besonderen Status eines Europareservats gegeben.

Seit 1974 steht auch das Watt südlich Sylt und Hindenburgdamm (bis nach Eiderstedt) als »Naturschutzgebiet Nordfriesisches Wattenmeer« unter dem Schutz des Landschaftspflegegesetzes. Mit einer Fläche von 140 000 ha ist es das größte Naturschutzgebiet Mitteleuropas. Damit ist diese einmalige Landschaft in ihrer Gesamtheit geschützt. Als Ruhezone für die Seehunde dürfen die trockenfallenden Watten südlich der Nösse-Halbinsel (s. Skizze!) nur durch Personen oder Führer von Personengruppen betreten werden, die mit einem amtlichen Ausweis des Landrats des Kreises Nordfriesland versehen

sind. Damit ist sichergestellt, daß die Seehunde während der Setz- und Aufzuchtzeit die unbedingt nötige Ruhe haben. Schutzträger ist die Schutzstation Wattenmeer.

Mit dem geologischen Aufbau einer Landschaft in einem engen Zusammenhang steht meist die Trinkwasserversorgung. Die Sylter und ihre Gäste trinken Grundwasser aus einer Süßwasserlinse, die etwa 20 m unter der Inseloberfläche beginnt. Das Süßwasser wird durch das darunter liegende schwere Salzwasser getragen, vermischt sich nicht mit ihm. Die 750 mm jährlicher Niederschläge gehen zu einem Drittel durch die Verdunstung, zu einem weiteren Drittel durch Ablauf in die See verloren. Den Rest pumpen die Wasserwerke Westerland, Wenningstedt, Kampen, List und Hörnum aus dem Inselinnern in Erdbehälter, lassen ihn durch Filteranlagen in Druckbehälter laufen und schicken den »Gänsewein« schließlich in die Versorgungsleitungen.

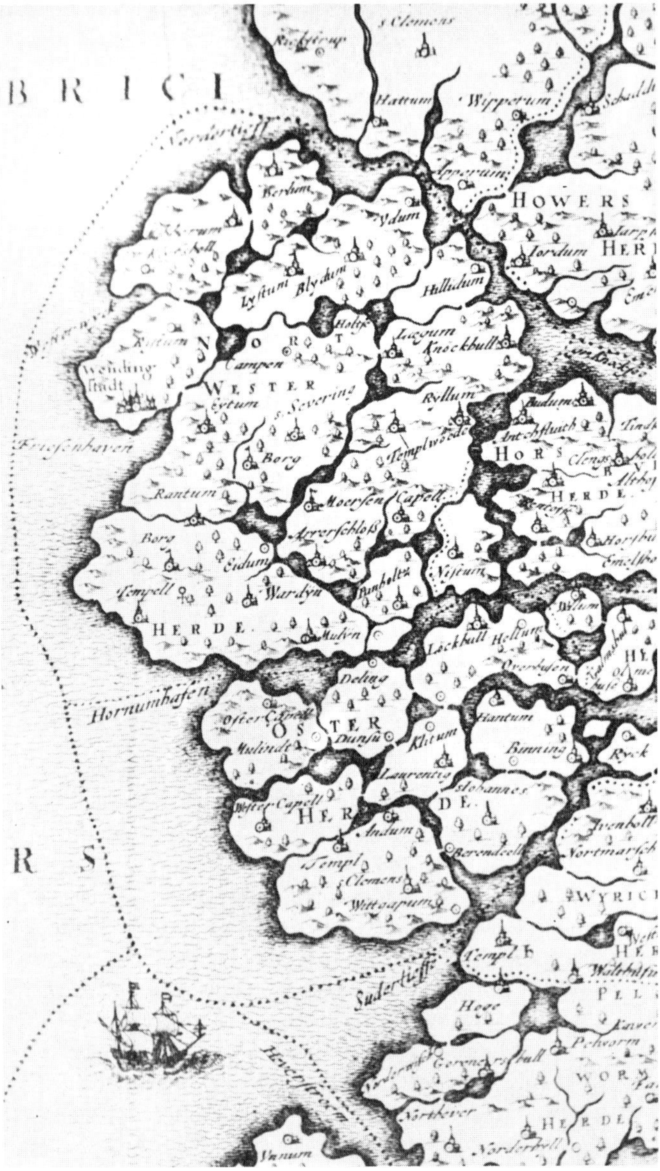

B R I C I
Hattum
HOWERS
Iordum
Werhum
Ydum
Lystum
Blydum
Hulludum
Knockbull
Campen
W E S T E R
Wending stadt
Ryllum
Budum
H O R S
Borg
Rantum
Moersen Capell
H E R D E.
Eidum
Tempell
Wardyn
Mulen
Lackbull
Overhusen
Deling
Hornumhafen
Oster Capell
O S T E R
Klitum
Hantum
Binning
Wester Capell
Andum
Templ
Clemens
Iwenboll
Hoge
Pelworm
W O R M
R S

Sylt um 1240

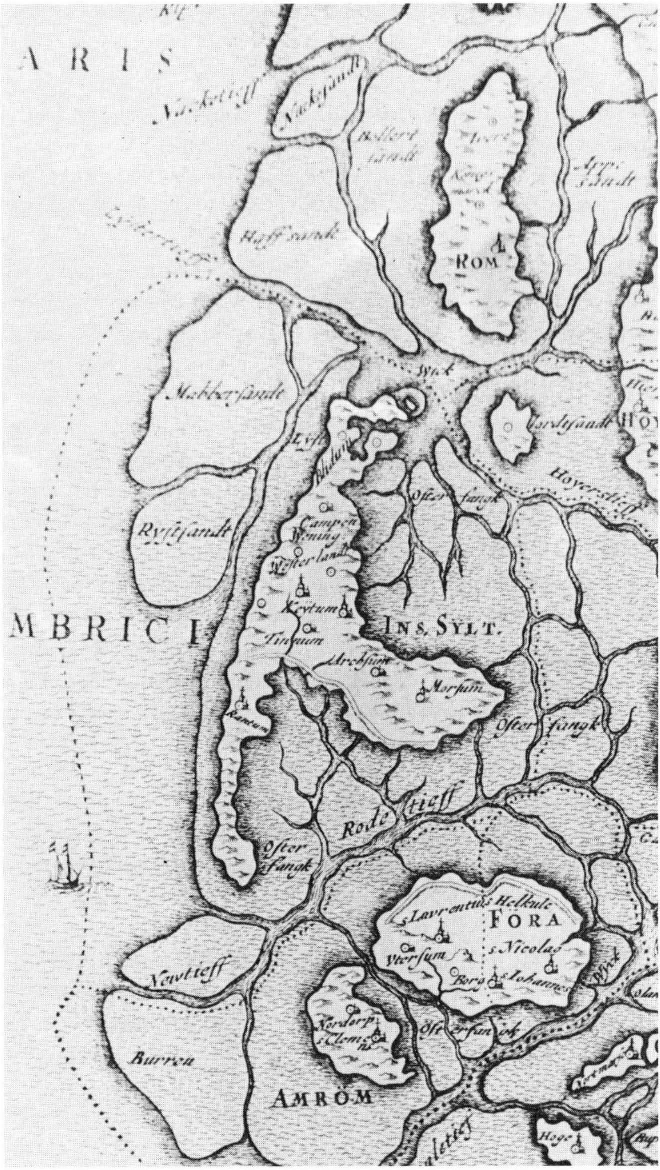
ARIS
Hafffandt
Mebberfandt
Ryftfandt
MBRICI
Campen
Wening
Wefterlandt
Keitum
Tinfum
INS. SYLT.
Archfum
Morfum
Ranum
Ofter fangk
Rode Tieff
Oofter fangk
Hoyerstieff
ROM
Wyck
FORA
s. Laurentius Helkule
s. Nicolao
Vterfum
Borg
s. Iohannes
Nordorp
s. Clemens
AMROM
Burren
Newtieff
Hoge

Sylt um 1650

Wie Sylt wurde

Die ältere Entstehungsgeschichte der Insel läßt sich gut an ihren Steilküsten erkennen, die jüngere an ihren Oberflächenformen deuten. Das zu betrachten ist auf Sylt besonders lohnend, weil hier auf kleinstem Raum die Ergebnisse zeitlich weit auseinanderliegender geologischer Vorgänge zu sehen sind.

Das *Morsum-Kliff* zeigt uns schon bei flüchtigem Hinsehen durch seine rot-weiß-schwarze Tönung, daß es aus mindestens drei verschiedenen Schichten besteht, also mehrere erdgeschichtliche Zeitalter es aufgebaut haben. Ursprünglich lagen schwarzer Glimmerton, brauner Limonitsandstein und weißer Kaolinsand übereinander. Der Glimmerton setzte sich vor mehr als 20 Millionen Jahren als schlammiger Sand in der Urnordsee ab. Östlich davon gedieh während der warmen Braunkohlenzeit (Tertiär) eine üppige subtropische Pflanzenwelt, und das warme Meer beherbergte Tiere, wie wir sie heute nur noch im Mittelmeer antreffen. Pflanzen- und Tierreste zusammen ergaben den hohen Humusgehalt der Sinkstoffe, die jetzt diese Schicht auffallend dunkel erscheinen lassen. Neben Versteinerungen von Muscheln, Schnecken und Fischen finden wir darin nun Reste von Krebsen in apfelgroßen Steinknollen (»Krebsknollen«), im Glimmerton des Ostendes nicht selten.

Am Ende der Braunkohlenzeit hob sich das Land (und senkte sich der Meeresspiegel), die Urnordsee wich zurück. In den flachen Küstengewässern lagerten sich Sande ab, die durch Brauneisen zu dem braunroten Limonitsandstein von heute verfestigt wurden. Aus diesem brüchigen Gestein lösen sich oft merkwürdige Eisenerzscherben, die sogenannten Topfgeschirre der Unterirdischen.

Den darüber liegenden weißen Kaolinsand haben Flüsse aus Skandinavien vor etwa 10 Mill. Jahren hierhergebracht. Man findet darin zahllose winzige Edel- und Halbedelsteinkörnchen verschiedenster Farben, Bausteine zerschlagener Urgebirge im Norden Europas. Aus diesem Kaolinsand besteht auch das Weiße Kliff bei Braderup und die unterste Schicht des Roten Kliffs bei Kampen.

Während der vorletzten Vereisung (Saaleeiszeit) war der Boden etwa 50 m tief gefroren. Unter dem ungeheuren Druck des darauf liegenden Eises zerbrach die Erde in Schollen. Sie stellten sich schräge und schoben sich, dem Schub von Nordosten her nachgebend, unter-

einander. Das ist der Grund dafür, daß wir die Schichten am Morsum-Kliff nicht mehr dem Alter entsprechend übereinander, sondern neben- oder hintereinander vorfinden, und zwar auf der 2 km langen Strecke dreimal.

Vor etwa einer Million Jahren verschlechterte sich das Klima so sehr, daß das skandinavische Inlandeis ganz Nordeuropa überzog. Nach dem Abtauen ließ es Schutt und Lehm als Moränen liegen. Während der folgenden Saalevereisung schoben sich die bis zu 1 000 m dicken Eismassen bis zu den deutschen Mittelgebirgen vor, bedeckten die ganze Nordsee. Mit Abschmelzen des enormen Eiskuchens blieben unvorstellbare Massen mitgeführten Materials zurück, auch auf Sylt. Der ursprünglich graue Lehm der auf der Inselmitte liegenden Moräne wurde von der See zum Kliff benagt, durch das Oxydieren eisenhaltiger Körnchen schließlich zum *Roten Kliff*. Die 4 km lange und 30 m hohe Steilküste ist nur ein Teil der eiszeitlichen Ablagerungen; auch Westerland, Keitum und Morsum liegen auf Material, das die Gletscher vor 200 000 Jahren frei Haus hierher geliefert haben.

Das Rote Kliff ist also kein zerklüfteter Fels, sondern eine gealterte, verwitterte Moräne (von Gletschern hierher verfrachtetes Gemisch von Erde und Gestein). Sie wird seit 6–7000 Jahren (nach Anstieg des Meeresspiegels um 50 m) von der Nordsee benagt. 1 bis 2 km gingen bisher verloren.

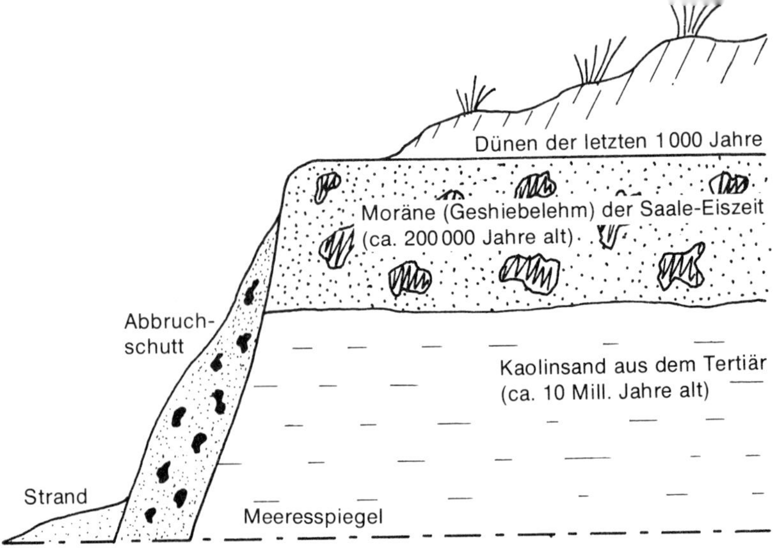

Rotes Kliff bei Kampen (vereinfachter Schnitt)

Die Gletscher der letzten Eiszeit (Weichselvereisung) haben Sylt nicht mehr erreicht. Als sie sich vor 15 000 Jahren nach Skandinavien zurückzogen, ließen sie eine baumlose Tundra zurück und darin als Erhebung inmitten des Festlandes Sylt. Mit Wärmerwerden des Klimas, Meeresspiegelanstieg und Landsenkung rückte die Nordsee immer näher an die Jütische Halbinsel heran. Das Küstenvorland überflutend, erreichte die See Sylt, den Hügel wieder zur Insel machend; doch bis ins 14. Jahrhundert hinein konnte man zu Pferde Nachbarinseln und Festland erreichen. Die Insel war bis 1240 doppelt so groß wie heute, hatte eine rundliche Form und besaß weder Dünen noch Nord- und Südzipfel. Sie wurden wohl erst vom 15. Jahrhundert an von Wind und Wellen aufgebaut. Während gleichzeitig die drei Geesthügel durch dazwischen entstandenes Marschland immer enger aneinandergeschweißt wurden, schuf der Wind die ersten Dünen. Diese jungen Gebilde der Natur entstanden in größerem Ausmaß wohl erst nach der Zerstörung einer großen Bank westlich der Insel nach der Flut von 1634. Das schutzlos gewordene Sylt wurde von der See angeknabbert und der herausgewaschene Sand zu Dünen aufgeweht. Dabei wurden durch die Nord- und Südströmung auch die beiden Nehrungen an den Inselkern gesetzt und seitdem ständig verlängert. Ob dabei auch Meeresspiegelschwankungen und Landsenkungen oder -hebungen mitspielten, ist noch ungewiß.

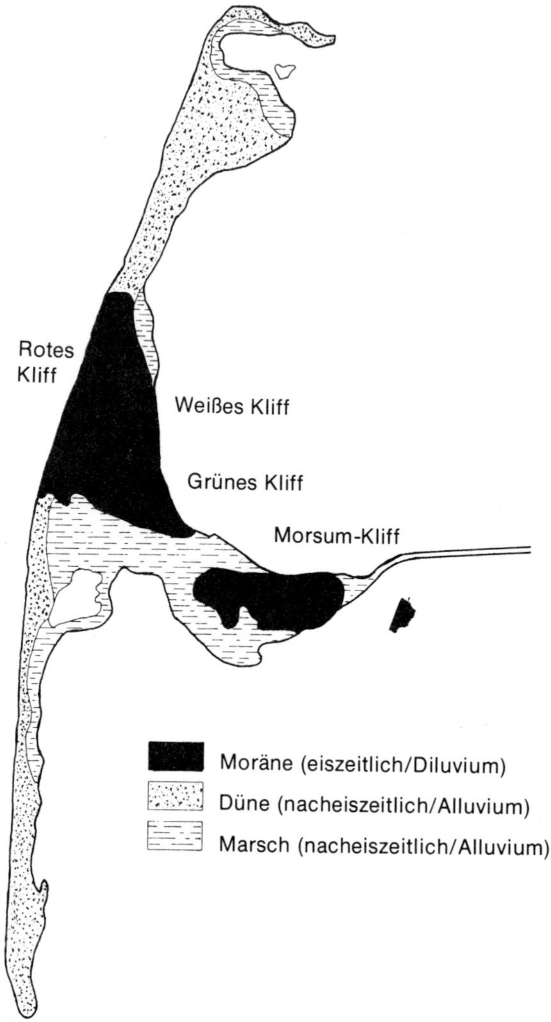

Die Herkunft des Namens Sylt konnte noch nicht geklärt werden. Ursprünglich nannte sich die Insel Sild, was auf das dänische Sild = Hering deuten könnte. Vielleicht kommt die Bezeichnung von Silendi = Seeland und ist ein Hinweis auf eine weit größere, untergegangene Landschaft. Seit dem 17. Jahrhundert hat Sylt den Hering im Wappen.

Bleibt uns Sylt

Diese Frage mag nicht nur auf den regelmäßig wiederkehrenden Sommergast schockierend wirken. Soll es den Strand von Westerland, die Dünen des Listlandes, das Watt bei Keitum einmal nicht mehr geben? Um 1800 schrieb ein Fremder nach einem Besuch auf der Insel: »Nach 200 Jahren wird man diese Insel nirgends als auf den alten Landkarten finden . . .« Wenn auch die Landverluste nicht so groß waren wie damals befürchtet, machen sich heute nicht nur die Sylter Sorgen um diese ebenso schöne wie wertvolle Insel.

Sylt liegt – im Gegensatz zu allen anderen deutschen Inseln – mit der Breitseite quer zur Hauptangriffsrichtung von Wind und Wellen. 1 200 m westlich von Sylt wurden 7,5 m und 50 km vor der Insel 10 m hohe Wellen festgestellt. Die regelmäßig kommende und gehende Gezeitenströmung und der durch Wind verursachte Driftstrom nagen zusammen mit dem Wellenlauf ständig an der Insel. Kulturspuren (Feldereinteilungen, Brunnenringe, Häuserreste . . .) im Watt sagen uns, daß die Insel einst viel größer war. Sie hat in den letzten Jahrhunderten im Durchschnitt jährlich 1 m Land verloren, im Norden stellenweise sogar 3 m. Zwar wurde Sylt durch die Sandverfrachtung im gleichen Zeitraum im Norden um etwa 400 m, im Süden sogar um einen Kilometer länger; es verlor die Insel dabei aber ein Drittel der Fläche. Seit dem Bestehen des Hindenburgdammes sind auch an der Ostseite der Insel starke Landverluste zu beklagen. Die Strömungen haben sich verlagert und richten sich mit erhöhten Wasserständen nicht nur bei Sturm gegen das niedrige Marschland. Wohl sedimentieren seither jährlich südlich des Dammes 500 000 cbm Schlick, doch haben sich die Tiefs nördlich und südlich der Insel gefährlich vertieft, das Hörnum-Tief auf 23 m, das Lister Tief von 33 auf 44 m. Während jeder Tide strömen jetzt 500 Millionen cbm Wasser aus und ein.

Sylt wird immer schmäler. Jährlich gehen 700 000 cbm seiner Substanz verloren. Selbst das Rote Kliff bietet Wasser, Wind und Frost nur geringen Widerstand. Während der Großen Flut von 1962 wurden 10 m des Kliffs (fast 1 Mill. cbm) ein Opfer der entfesselten See. Größere Verluste als die Sturmfluten verursacht der Regen. Er wäscht Rinnen in den weichen Lehm, und die dazwischen stehengebliebenen Stege zerfallen. Noch größer sind die Abbrüche, die auf den Frost zurückzuführen sind. Er sprengt ganze Blöcke ab. Bisher wurde noch

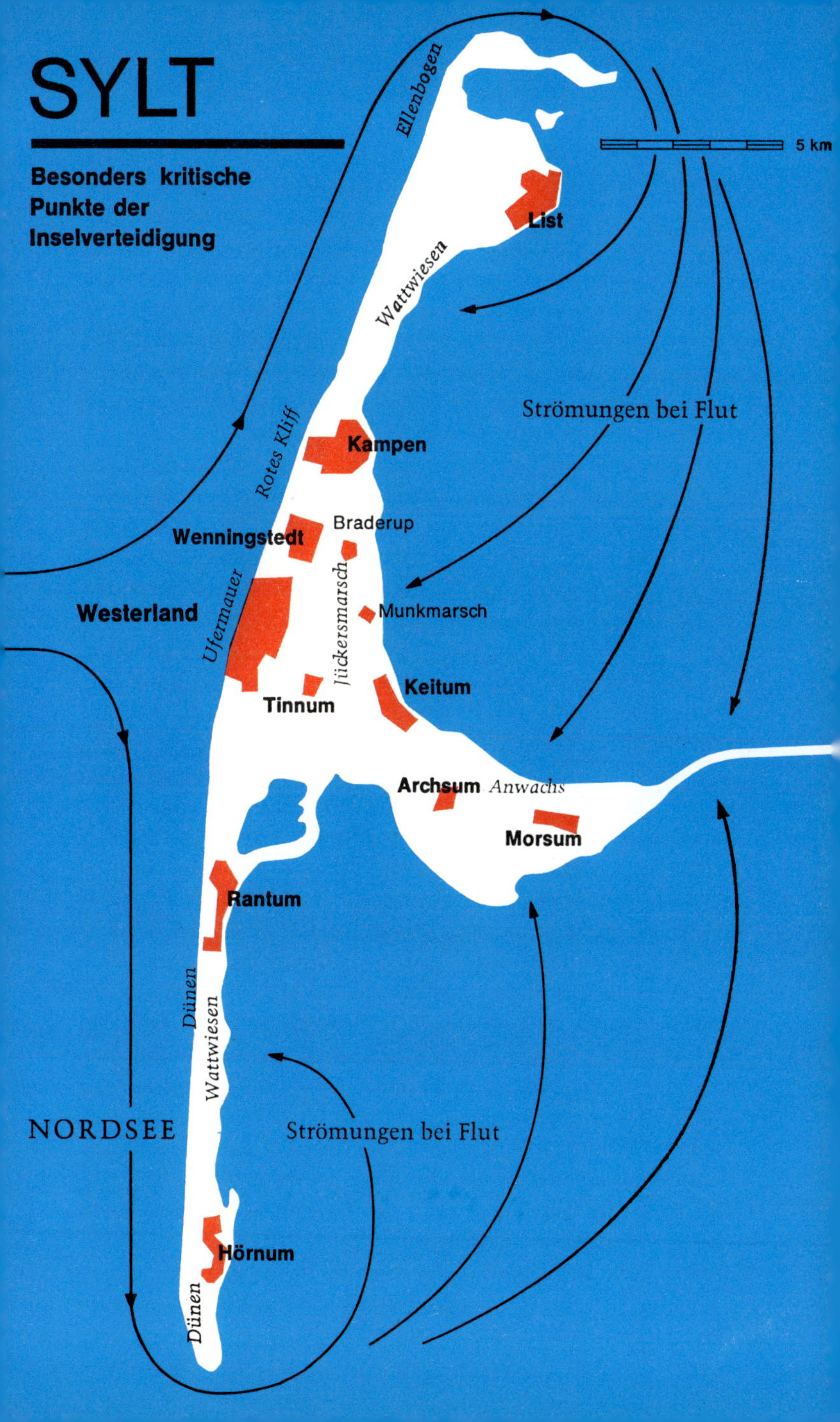
SYLT
Besonders kritische Punkte der Inselverteidigung
5 km
Ellenbogen
List
Wattwiesen
Strömungen bei Flut
Rotes Kliff
Kampen
Braderup
Wenningstedt
Ufermauer
Jückersmarsch
Munkmarsch
Westerland
Keitum
Tinnum
Archsum
Anwachs
Morsum
Rantum
Dünen
Wattwiesen
NORDSEE
Strömungen bei Flut
Hörnum
Dünen

kein Rezept (und kein Geld) gefunden, das die Substanzverluste vermeidet.

Um 1870 errichtete man die ersten Schutzbauten, die aus Holzpfählen bestanden und längst verschwunden sind. Auch die ab 1930 gesetzten Eisenbuhnen haben sich nicht bewährt. Während am Keitumer Kliff durch Lahnungen Substanzverluste weitgehend vermieden werden, sind an der Westseite umfangreiche Schutzbauten nötig, um die Abbrüche in tragbaren Grenzen zu halten. Westerland besitzt mit der über einen Kilometer langen Strandmauer, dem Tetrapodengürtel und dem anschließenden schrägen Deckwerk mit Basaltpflasterung das massivste Schutzwerk der deutschen Küste. Die vierbeinigen, 6 Tonnen schweren Tetrapoden haben sich bewährt. Ineinander verkeilt, teilen sie die Brandungswellen und lassen sie hinter sich zusammenschlagen. Dadurch nehmen sie sich selbst hohe Energiemengen. Die »Vierfüßler« haben nur den Schönheitsfehler, daß sie runde 1 000 DM kosten; sie bleiben uns aber, auch wenn sie – wie 1962 bis 100 m – weitergetragen werden. Auch die etwa 90 000 DM kostenden Asphaltbuhnen (Basaltsteine werden 50 m breit aufgeschüttet und mit Asphalt vergossen) brechen die Energie der Wellen, halten außerdem den Sand und verbreitern damit den Strand. Von kaum zu überschätzender Bedeutung für den Bestand der Insel ist das etwa 100 m breite Riff, das 300 m vor der Westkante liegt. Es ist bei niedrigem, bewegtem Wasser an den sich dort brechenden Wellen von der Insel aus zu erkennen. Das Riff nimmt den anrennenden Wellen schon dort draußen einen Teil der Energie. Aus dem gleichen Grunde wünschen sich die für den Küstenschutz Verantwortlichen – mit den Kurgästen – einen breiten Sandstrand. Den anstürmenden und sich überschlagenden Wellen soll die Brandungsenergie möglichst früh genommen werden, um die Dünen zu schonen.

Trotz umfangreicher zeit- und kostenschluckender Modellversuche sind die Experten recht verschiedener Meinung darüber, wie die Sylter Küste am besten geschützt werden könnte. Nach einem Vorschlag sollen im Norden und Süden der Insel je 30 bis 40 mit Zement beladene Schuten versenkt werden, die einen breiteren Strand schaffen könnten. Eine zweite Möglichkeit wäre der Bau von Langbuhnen an der gesamten Westküste, die allerdings die Summe von 1 Milliarde DM kosten würden. Der Aufbau von Wellenbrechern (Senkkästen oder Tetrapoden) auf dem Riff würde »nur« 200 Millionen DM kosten, aber ein ständiges Vorspülen von Sand durch eine Pipeline erfor-

derlich machen. Ein Wissenschaftler meinte sogar, daß nur der Aufbau eines zweiten, eines künstlichen Sylt draußen vor der Westküste den Bestand der Insel wirklich sichern könnte.

Auch die Dünen schützen die Insel. Seit 200 Jahren werden sie systematisch bepflanzt, und zwar auf Anregung von Holländern, die den Strandhafer aus dem Orient holten. Während noch zu Beginn des vorigen Jahrhunderts Siedlungen infolge Sandflugs verlassen werden mußten, besteht diese Gefahr nun nicht mehr. Die Wanderdüne, die List bedrohte, wurde 1936 festgelegt. Von den beiden echten Wanderdünen mit einer Größe von 120 Hektar liegt die eine fast fest, die andere bewegt sich nur ganz langsam weiter. Reisigbestecke und Strandhaferpflanzungen sind nun auf fast allen Teilen der Insel zu sehen. Sie verhindern das Wandern des Sandes, fangen sogar den durch Wellen und Wind herangetragenen Sand und halten die Sturmflutwellen wenigstens eine Zeitlang auf. Einen Hektar Dünen neu zu bepflanzen kostet 8 000 DM. Neuerdings versucht man, die Grassaat per Flugzeug auszubringen. Die ausgesprühte »Gummimilch« schützt die Saat (Strandhafer, Silbergras und Schafschwingel) und ermöglicht ihr Keimen. Wenn die Dünengräser nicht gedüngt werden, verhungern sie. Das Ausstreuen von Kunstdünger geschieht jetzt auch weitgehend vom Flugzeug aus.

Aus diesem Aufwand ist zu ersehen, welche Bedeutung die Dünen haben. Betreten Sie bitte die Halmpflanzungen nicht; der Wind legt sonst das Wurzelsystem frei, und die Düne wird »krank«. Reißen Sie auch keine Pflanzen aus, um sich einen Liegeplatz zu verschaffen. Bauen Sie die Burgen nicht zu nahe an die Dünen oder gar in sie hinein. Die Dünenhänge zu erklettern ist für Kinder immer verlockend, doch schadet gerade das den Pflanzungen sehr. Die 80 Holzstege (Dünenüberwege) dienen zwar auch dem bequemen Spaziergang zum Badestrand, sind aber in erster Linie da, um ein Zertreten des Dünenbewuchses zu vermeiden. Autos bitte nur auf den vorgesehenen Plätzen parken.

Solange Sylt nicht »verfelst« war, holte sich die See durch Abbruch ständig Sand und lagerte ihn vor der Insel ab. Mit dem Bau von Betonwänden, Großbuhnen und Tetrapodengürteln wurde der Strand immer schmaler, weil der »Nachschub« fehlte. Das war die Grunderkenntnis für den jüngsten Versuch zur Rettung Sylts: die Sandvorspülung. In umfangreichen Versuchen mußten zunächst die Strömungsverhältnisse (Sandwanderungen) vor Westerland erkundet und

festgestellt werden, wo es den benötigten grobkörnigen Sand gibt. Man fand ihn im Watt östlich des Rantum-Beckens. In einer 7 km langen Spülleitung wurden – für 6 Mill. DM des Landes und des Bundes – 1 Mill. cbm Sand auf den Westerländer Strand gespült. Die 500 m lange und 300 m breite Sandbuhne wurde zum Teil – wie vorauszusehen – nach Norden und Süden verfrachtet, schützt aber nach wie vor die Befestigungen vor einer Unterspülung. Der Strand wurde – nicht nur vor Westerland – breiter, und flankierende Maßnahmen (Sandfangzäune, Bepflanzen der Dünen . . .) unterstützen nun die »Ernährung« des Sylter Strandes. Damit hoffen die Wasserbautechniker des Amtes für Land- und Wasserwirtschaft in Husum eine wirksame Küstenschutzmethode gefunden zu haben. Das (finanzielle) Problem ist nur, daß die Vorspülungen wahrscheinlich alle 5 Jahre wiederholt werden müssen.

Noch herrscht keine Klarheit über den besten Weg zum gemeinsamen Ziel: Sylt zu erhalten. Es muß bleiben, weil es nicht nur als Ferieninsel für Millionen Erholungsbedürftiger, sondern auch als Wellenbrecher für die Deiche des Festlandes dringend gebraucht wird.

Aus dem reichen Sagenschatz

Keine zweite deutsche Insel ist so reich an Sagen wie Sylt. Gefährliche und unwirtliche Küsten waren immer gute Nährböden dafür. Hinzu kommt, daß den Nordfriesen keine eigene Geschichte vergönnt war, so daß oft nur die Sage Licht in das Dunkel der frühen Vergangenheit bringen konnte.

Die Unterirdischen

Einst bewohnten Zwerge die Hügel und Höhlen im mittleren Teil der Insel. Sie trugen rote Mützen und Jacken, steinerne Geräte und Waffen, lebten von Muscheln und Möweneiern, Fischen und Vögeln. Sie tanzten lieber, als daß sie arbeiteten, waren falsch und schadeten den Menschen, wo sie nur konnten. Sie stahlen wie die Raben, sogar Menschenkinder. Selbst Frauen und Mädchen versuchten sie zu rauben, indem sie diese in Netzen fortschleppten. Die Unterirdischen konnten sich in Mäuse oder Kröten verwandeln oder sich ganz unsichtbar machen. Der König der zwerghaften Wesen war Finn. Er soll im Denghoog residiert haben. Zur Frau nahm er ein schönes Mädchen aus Braderup, das die Unterirdischen um ihr sorgloses Leben beneidet hatte. Nach einer großen Hochzeit mit viel gesalzenen Eiern, leckeren Iltisbraten und gerösteten Austern, Moosbeeren und Met verlebten Finn und Isa viele glückliche Jahre.

Die Meerweiber

Am Roten Kliff trieb einst eine Meerjungfrau (halb Fisch und halb Mensch) an und wurde von der See auf den Strand geworfen. Zwei Frauen ergriffen sie, trugen sie nach Hause und setzten sie in einen Wasserkübel. Da das Wasserwesen jämmerlich schrie, befahl der mitleidige Vogt, es wieder in die See zu bringen. Seitdem warnen die Meerweiber Schiffer vor Sturm, indem sie sich auf den Schiffsbug oder auf einen Wellenkamm setzen.

Eke und Inge

Vor Sylt trieb einst ein Schiff im Sturm. Da tauchte daneben ein großer Mann aus dem Wasser, der Meermann Eke Nekepenn. Er bat darum, daß die Frau des Kapitäns seiner Frau bei der Geburt helfe. Als die Kapitänsfrau Eke auf den Meeresgrund folgte, wurde die See ruhig. Nach einer Stunde tauchte die Frau wieder aus der See und erzählte von der glücklichen Geburt und von all dem Gold und Silber, das sie als Belohnung bekam.

Als die Frau des Meermannes alt geworden war, beschloß er, den Schiffer auf See untergehen zu lassen und dann die schöne Witwe zu heiraten. Am Strand aber traf Eke nicht die Frau, sondern die ihr sehr ähnlich sehende Tochter des Schiffers. Nachdem er Inge reich beschenkt hatte, sagte er ihr, daß sie nun seine Braut sei. Sie aber weinte und bat ihn, er solle sie gehen lassen. Freigeben wollte Eke Inge aber nur, wenn sie bis zum folgenden Abend seinen Namen herausfindet. Auf dem Wege zum Strand hörte sie am nächsten Tag Eke singen und dabei auch seinen Namen nennen. Damit war Inge frei; sie gab aber Ketten und Ringe nicht zurück. Seitdem ist der Meermann böse auf alle Rantumer.

Grabhügel auf Sylt

Erfolgreichen Kriegern, Seehelden und Königen wurden nach dem Tode Grabkammern aus Findlingen errichtet und darum herum ein Steinkranz gesetzt. Jeder Vorbeigehende warf eine Handvoll Erde auf die Grabstätte und ließ so das Hünengrab wachsen. Die wertvollen Grabbeigaben wurden von den Unterirdischen bewacht.

Der mächtigste Grabhügel der Insel liegt auf der Kampener Heide. Es ist der Gurt Brönshoog, das Grabmal von König Bröns, der auf einem goldenen Kampfwagen bestattet wurde. Daneben ruht im Litj Brönshoog der Sohn und im kleinsten, dem Hünshoog, des Königs Lieblingshund. Als Schatzgräber die Steinsetzungen aufbrachen, wurden sie von Unsichtbaren geohrfeigt und erschlugen sich gegenseitig im Streit. Im Klöwenhoog zwischen Keitum und Tinnum ist in seinem goldenen Drachenschiff der Seekönig Klöw bestattet. Die langen Ankerketten verbinden mehrere Hügel, und die Anker, auch aus Gold, liegen in der Marsch.

Die treue Ose

Bauer Fredd aus Wenningstedt gab nach der Heuernte einen Ernteschmaus. Dabei entstand Streit, bei dem der Bauer einen Landarbeiter erschlug. Der Mörder mußte fliehen und seine Frau Ose die Buße bezahlen. Jahre vergingen, ohne daß man von dem unglücklichen Bauern etwas hörte; er und seine Tat gerieten in Vergessenheit. Die fleißige Ose sorgte für Kinder und Hof, bis sie ein Kind zur Welt brachte. Nicht nur die Wenningstedter zerbrachen sich die Köpfe darüber, wo der Mann der treuen Ose sein könnte. Die Neugierigen stellten schließlich fest, daß der Mörder die Insel gar nicht verlassen, sondern sich zehn Jahre in einer Höhle der Wenningstedter Dünen versteckt hatte. Nur seine Frau wußte davon und versorgte ihn auch. Der Ausgestoßene wurde ohne Vorwürfe wieder im Dorf aufgenommen, und auf der ganzen Insel sprach man von Oses aufopfernder Liebe. Seitdem heißt das Dünental, in dem ihr Mann sich so lange verborgen hatte, das Osetal.

Der Pferdekopf

Zwischen Sylt und Amrum war früher das Wasser ganz schmal und seicht. In der Mitte des Priels lag ein Pferdekopf, auf den man trat, wenn man von einer Insel nach der anderen gelangen wollte. Einmal konnte ein Mädchen die Stelle nicht gleich finden. Statt des Pferdeschädels legte das Mädchen einen Laib Brot ins Wasser und wollte so mit großen Schritten das andere Ufer erreichen. Da kam ein schwerer Sturm auf, und die Rinne wurde viel breiter und tiefer. Das Mädchen versank in den Fluten und mit ihr viel Land.

Hörnum

Die südliche Halbinsel Sylts war von wüsten flüchtigen Sandbergen bedeckt, unaufhörlich umtobte sie die Brandung. Nur Seevögel und Hasen hausten in den Schluchten. Jahrhunderte vorher waren dort Wiesen, Äcker und Dörfer. Nur Trümmer davon blieben. In den Watten der Nordsee tauchen steinerne Särge auf. Reiche Leute ließen sich darin beisetzen, als das Land noch voll von Wölfen war.

Freiheitskämpfer Pidder Lüng

Als Pidder Lüng noch klein war, logen ihm die Fischer allerlei vor und lachten ihn auch noch aus, wenn er es glaubte. Das machte ihn mißtrauisch und widerspenstig. Er sagte zu allem, was man von ihm verlangte, immer nein. Nur Armut und Elend anderer rührte ihn.

Einst saß die Familie Lüng beim Grünkohlessen, als der vornehme Sohn des Amtmanns von Tondern eintrat und die Fischerleute als Gesindel bezeichnete, das der Obrigkeit trotzt. Während des heftigen Streites spuckte der übermütige Tyrann in den noch dampfenden Kohl. Daraufhin packte Pidder Lüng Henning von Pogwisch und drückte sein Gesicht so lange in den heißen Kohl, bis er erstickte. Draußen fielen dann die Sylter mit Rochenschwänzen über ihre Peiniger her und schlugen die Abgesandten des abgabegierigen Amtmanns in die Flucht.

Erst nach längerer Abwesenheit kehrte Pidder Lüng auf seine Heimatinsel zurück. Er ließ die alte Rantumburg befestigen und rüstete eine Freibeuterflotte aus, die viele Jahre die Nordsee beunruhigte. Sandbänke und Dünen, vor allem aber Hörnum und Helgoland waren seine Schlupfwinkel. Seine Erfolge machten ihn nicht nur mutig, sondern auch leichtsinnig und sorglos. Weil die Sylter Vögte während seiner Abwesenheit die Rantumburg zerstören ließen, wollte er sich an ihnen rächen und ihre Macht brechen. Der Strandvogt aber machte Pidder Lüng und seine Leute betrunken und konnte sie nach verzweifelter Gegenwehr überwältigen. Mit sechs seiner Gefolgsleute wurde er auf dem Galgenhügel bei Munkmarsch gehängt. Bis zuletzt war er dem Wahlspruch der Friesen »Lewer duad üs Slaav!« treu geblieben.

Die Keitumer Kirche

König Knut der Große von England hat das Baumaterial für die Keitumer Kirche herübergeschickt. Beim Transport der Granitsteine zerbrach der Wagen bei Keitum. Daraufhin baute man dort die Kirche, viel später erst den Turm. Einst soll die Glocke herunterstürzen und einen mutwilligen Jungen erschlagen, der Turm zusammenstürzen und eine eitle Jungfrau unter sich begraben.

Vom Seeräuber-Schlupfwinkel zur Bäderinsel

Sylt war wahrscheinlich schon zur älteren Steinzeit besiedelt. Die Insel besaß über 500 Grabhügel, Steingräber und Siedlungsstätten aus der Jungsteinzeit (um 2200 v. Chr.), aus der Bronzezeit (1800–600 v. Chr.), der Eisenzeit (600 v. Chr. – 800 n. Chr.) und der Wikingerzeit (800–1100 n. Chr.). Die meisten Grabhügel stammen aus der Bronzezeit, der bekannteste ist der Denghoog bei Wenningstedt, der größte der 7 m hohe Brönshoog beim Kampener Leuchtturm. In den steinzeitlichen Gräbern wurden die Toten in hockender Stellung an die Steine gelehnt und ihnen Nahrung und Waffen für die Fahrt ins Jenseits mitgegeben. Mehrere Grabhügel enthielten nur den Kopf des in der Fremde gestorbenen Häuptlings. Die bronzezeitlichen Hünengräber entstanden, indem die Toten, mit Bronzewaffen und -geräten versehen, in Steinsärgen beigesetzt und diese mit kleineren Steinen und Erde bedeckt wurden. In der Eisenzeit wurden die Toten verbrannt und um die Urnen mit der Asche Hügel errichtet, die meistens über der Urne große Steine enthielten. Es gibt in Mittel- und Nordeuropa wohl kaum eine zweite Landschaft mit einer solchen Dichte vorgeschichtlicher Fundstätten.

Bei Archsum wurden vor kurzem Siedlungsreste der Urbewohner Sylts ausgegraben, die vor Beginn der Zeitrechnung hier wohnten. In der Auseinandersetzung mit Sturmfluten entstanden bis zu sieben Siedlungsschichten übereinander.

Man bewohnte damals ein dreischiffiges Hallenhaus. Das Dach wurde von 6 Ständern getragen; den Zwischenraum füllten Sodenwälle. Auch Spuren eines Hakenpfluges konnten nachgewiesen werden.

Nach 875 n. Chr. besiedelten die Ostfriesen den seit der Abwanderung der Angeln (ab 449 n. Chr.) nur dünn besiedelten Raum. Um 1240 standen auf Sylt 11 Kirchen und Kapellen, von denen die in Keitum und Morsum noch stehen.

1362 wurde Sylt durch die »grode Manndrenke« von Amrum und Föhr getrennt.

Im 15. und 16. Jahrhundert blühte die Küstenfischerei sowie der Herings- und Schellfischfang in der Helgoländer Bucht.

1634 brachen die Sylter Deiche an fünf Stellen und gaben der See

für drei Jahrhunderte den Weg frei in das Marschland im Osten der Insel.

Im 17. Jahrhundert begann mit den Grönlandfahrten die »goldene« Zeit der Insel. In holländischen und Hamburger Diensten wurden vor Spitzbergen und Grönland Wale gefangen und Robben geschlagen. Als Harpunierer, Steuerleute und Kommandeure verdienten die Seeleute viel Geld, fanden aber auch oft in Stürmen, durch Krankheiten, auf von Packeis zerpreßten Schiffen und auf den kleinen Schaluppen im Kampf gegen die sich im Todeskampf wehrenden Wale den Tod. 1720 stellte Sylt 20 Grönlandkommandeure; der bekannteste war Lorenz Petersen Haan aus Westerland, der angeblich Wale »riechen« konnte.

Im 17. und 18. Jahrhundert blühte der Strandraub. Viele Schiffe strandeten, so daß der Strandgang zum einträglichen Broterwerb wurde. Nicht selten überfielen und beraubten die Sylter Schiffbrüchige.

Im 18. und 19. Jahrhundert suchten viele Sylter ihren Beruf in der Handelsschiffahrt. Im Dienste Hamburger, dänischer und holländischer Reedereien kamen sie oft erst nach Jahren wieder nach Hause.

1849/50 besetzten die Dänen Sylt, verließen es 1851 wieder. 1864 wurde Schleswig-Holstein und damit auch Sylt preußisch. 1920 bekannte sich Sylt bei der Volksabstimmung mit 90 % zu Deutschland.

Inseln, diese Doppelwelten von Land und See, weisen oft eine hohe Zahl von Sitten und Bräuchen auf. So war es auch auf Sylt. Leider ist auch hier in den letzten Jahrzehnten vieles nicht mehr bewahrt oder gar vergessen worden. Das Rummelpottlaufen zum Jahresende wird seltener, das Ringreiten wegen des Mangels an Pferden nur noch in Keitum und Archsum durchgeführt.

Die Ende Februar auf den nordfriesichen Inseln lodernden Feuer wurden ursprünglich zur Ehre Wotans abgebrannt. Mit diesem heidnischen Frühlingsfest, dem damals größten religiösen Fest, feierte man den Sieg der Götter des Lichts über die Mächte der Finsternis. Gleichzeitig war es Opferhandlung, bei der Wotan von Seeleuten und Kriegern um Beistand gebeten wurde. Nur langsam konnte sich das Christentum durchsetzen, und die Friesen hielten an ihrem Brauch fest.

Im 17. Jahrhundert bekam das Biikebrennen einen neuen Sinn: Es wies hin auf die wartenden Schmackschiffe, die die Walfänger und Robbenschläger nach Holland brachten. Mit der Eisschmelze stand die Abreise der Grönlandfahrer bevor, Grund genug, die letzten gemeinsamen Tage festlich zu begehen. Bis zur Mitte des vorigen Jahrhunderts war der Petritag auch Thingtag, an dem Gesetze verkündet und dadurch gültig wurden, Recht gesprochen und Urteile gefällt wurden.

Als um 1850 die Zeit des Walfangs zu Ende ging, wandelte sich der Sinn des Biikebrennens abermals; es wurde zum Heimatfest, zum Symbol für die Liebe zur Heimat. Seitdem sammelt die Jugend ab Weihnachten alles nur irgend Brennbare, um bis zum 21. Februar eine möglichst hohe Biike auftürmen zu können. Ihre Mitte bildet ein dikker Pfahl mit einer Teertonne. Um zu vermeiden, daß Neidische aus Nachbarorten die Biike vorzeitig in Flammen aufgehen lassen, halten in den letzten Nächten sogar Gemeindevertreter und Bürgermeister Wache. Am Abend des 21. Februar begeben sich Fackelträger und Zuschauer zur Biike, erwarten dann oft zu Hunderten den Augenblick, da sie in Flammen aufgeht. Während dicke Rauchwolken über Dünen und See ziehen, man die weithin sichtbaren Nachbarfeuer begutachtet, werden deutsche und friesische Ansprachen gehalten und dabei oft verlangt, daß Sylt Sylt bleiben muß. Meist sind die Insulaner dann unter sich, so daß dieser Teil des Festes mit »Üüs Söl'ring Lön'« aus-

klingen kann. Die Jugend vergnügt sich danach damit, mit Stangen über das Feuer zu springen, und die älteren suchen einen Gasthof zu Grünkohl mit geräuchertem Speck, Kochwurst und Kassler auf. Der nächste Tag, der »Piddersdai« (Petritag), ist schulfrei. Die neu eingekleidete und mit Petritagsgroschen versehene Schuljugend benötigt den Tag zu Kindertanz und Spiel.

Sylter

Mit letzter Sicherheit läßt sich die Herkunft der Bewohner Sylts nicht mehr nachweisen. Friesen gab es schon zur Römerzeit. Sie wohnten in den Gebieten zwischen Rhein- und Wesermündung, in Rückzugsgebieten der Küste. Sie setzten sich, dem Seehandelsweg folgend, aber erst um 800 n. Chr. (vor Karl d. Gr.) nach Nordeuropa ab. Lange vorher, vor allem vor der Völkerwanderung, war Sylt schon dicht besiedelt. Welcher Anteil der Bevölkerung im 5. Jahrhundert nach England auswanderte und wieviele Angeln damals auf Sylt blieben, ist umstritten. Sicher ist, daß im 8. und 9. Jahrhundert Ost- und Westfriesen einwanderten. Sie brachten jene Kenntnisse und Fertigkeiten mit, die zu ersten Deichbauten genutzt wurden.

Die Nordfriesen standen von Anfang an in Opposition zu ihren größeren Nachbarvölkern. Sie waren nie selbständig, hatten nie eine staatliche Einheit und führten zahlreiche Kleinkriege mit den jütischen Fürsten. Das entbehrungsreiche Leben auf der weit vor der Küste liegenden, auf sich selbst angewiesenen Insel, der zähe Kampf gegen das Meer und der schwere Broterwerb auf der See hat einen Menschentyp mit eigener Sprache, eigenen Gesetzen, Sitten und Bräuchen geschaffen. Seine Freiheitsliebe fand ihren Ausdruck in der Redewendung »Lewer duad üs Slaav« (»Lieber tot als Sklave«). Der karge Boden der Insel trieb den Sylter immer wieder in die Ferne, daher sein Trinkspruch »Rüm Hart! Klaar Kimming!« (»Geräumiges Herz! Klarer Horizont!«) Die Seefahrer sahen viel von der Welt, daher ihr kritisches Selbstbewußtsein, aber auch ihr Mißtrauen gegenüber allem Fremden. Das unerschrockene Handeln, das gute Gedächtnis und der Sinn für Mathematik und Navigation ließ sie oft zu begehrten Schiffsführern werden. Die Frauen mußten fleißig und sparsam sein, hatten in den Jahrhunderten der Seefahrt die gesamte Haus- und Feldarbeit zu verrichten. Daß die Männer gern an zu Hause dachten und auch, wohlhabend geworden, immer wieder dahin zurückkehrten, ist schon aus den vielen Ortsnamen mit um = Heim zu entnehmen. Und das Toben der Elemente im Herbst, das Alleinsein in langen Winternächten hat alle wortkarg, oft sogar schwermütig gemacht. Die Übermacht der See ließ die Friesen meinen, daß sie über Leben und Tod entscheidet, daß die Seelen der Kinder aus dem Meer kommen, die Kinder bei Flut geboren werden und die Betagten bei Ebbe sterben.

Aus- und Einwanderung, Errichtung militärischer Anlagen, Dammbau, Inselschutzbauten und Fremdenverkehr haben dem Sylter Volkscharakter viele ursprüngliche Züge genommen, ein Teil ist aber auch heute noch festzustellen. Der Friese ist Individualist geblieben, mit all seinen Vor- und Nachteilen. Sein Hang zur Verschlossenheit und seine Schroffheit mag es dem Gast manchmal schwer machen, Kontakt zu finden; sein ruhiges, fast städtisch vornehmes Auftreten sorgt schon für die gesuchte Atmosphäre. Sein Festhalten am Ererbten, sein Schwärmen für Sylt als seinem »Itüüs« schafft ihm sicher mehr Sympathien als das Immer-modern-sein-wollen anderer. Und wenn Sie einmal auf einen besonders geschäftstüchtigen Insulaner

stoßen, dann ist es nicht *der* Sylter. Sicher hat schnell erworbener Reichtum auch hier nicht wenige arrogant werden lassen; die meisten sind das geblieben, was ihre Vorfahren waren. Weit mehr als in der sommerlichen Saisonhast werden Sie das spüren, wenn Sie im Herbst oder Winter Ihren Gastgeber näher kennenlernen.

Die Sprache der Sylter ist das Syltring, eine der zehn friesischen Mundarten, und zwar die am schwersten verständliche. Es weicht sehr vom Festlandsfriesisch ab, ist mit dem Englisch verwandt und enthält viele Wörter aus dem Holländischen, Lehnswörter sogar aus dem Französischen. Die isolierte Lage der einzelnen Inseln hat im nordfriesischen Raum keine einheitliche Schriftsprache entstehen lassen. Zu beachten ist, daß das Friesische keine Mundart, sondern eine Sprache ist. Alle Inseln und das Festland haben ihre eigenen Dialekte, die sehr voneinander abweichen. Das ist auch der Grund dafür, daß das Plattdeutsche und neuerdings das Hochdeutsche das Syltring mehr und mehr verdrängen. Nur etwa 10 % der Sylter sprechen noch friesisch, in Archsum und Morsum noch drei Viertel der Bevölkerung. Westerland nennen sie ‚Wäästerlön', Kampen Kaamp und fragen sich: »Kenst du Söl'ring snake?« Auch auf Sylt braucht einer, der den Schaden hat, für Spott nicht zu sorgen: Diar de Skuar her, tört fuar di Skemp ek tö sörigen. Es besteht die Gefahr, daß die Friesen ein Volk ohne Sprache werden. Der Nordfriesische Verein und die Söl'ring Foriining pflegen neben den Sitten und Bräuchen auch das Friesische, und die meisten Sylter flaggen gern in den Nordfriesenfarben gold, rot, blau, nennen ihre Insel »Silt«.

Im Gegensatz zu den Nachbarinseln Föhr und Amrum wird eine Tracht nur noch selten, zu besonderen Anlässen und nur von der Keitumer Trachtengruppe getragen.

Vom Inselfriesen- zum Atriumhaus

Über 60 Häuser Sylts stehen unter Denkmalschutz. Diese zum Teil gut 200 Jahre alten, ebenso schlichten wie schönen Inselfriesenhäuser aus der Zeit der Seefahrt sollen erhalten bleiben. Ihre Fundamente sind aus Feldsteinen, die Wände aus Backstein. Alle sind wegen des Windes in Westostrichtung gebaut, bergen Wirtschafts- und Wohnteil unter einem Reetdach, das wie eine schützende Pudelmütze über das Haus gezogen ist. Der Friesengiebel über dem Haupteingang sichert bei Feuer einen Ausgang nach draußen. Ursprünglich hatten die Inselfriesenhäuser keinen Giebel, dann einen Rund- und neuerdings einen Spitzgiebel. Die Häuser sind wegen des Windes meist relativ klein und das Dach tief heruntergezogen. Oft bieten Steinwälle (sog. Friesenwälle) zusätzlichen Windschutz. Nicht selten krönen Grassoden den First. Schon die Türen mit den Messingbeschlägen deuten hin auf den Reichtum von damals. Alter Hausrat, Beilegeöfen, gediegene Möbel, Wandschränke mit Seemannsutensilien und Zinngeschirr aus England, Messinggeräte aus Holland und Mitbringsel aus China und Japan vervollständigen in so mancher Fliesenstube den Eindruck. Das ist nur ein kleiner Teil dessen, was Sylt einst barg; vieles wurde in den Anfangsjahren des Fremdenverkehrs an Sammler verkauft, ein weiterer Teil wanderte in die Museen. Einen schönen Wohnraum »von Anno dazumal« können Sie im Keitumer Altfriesischen Haus sehen.

Fliesen beleben nicht nur den Wohnraum, sie schützen ihn auch vor Feuchtigkeit. Sie wurden vor allem im 18. Jh. aus Holland hierhergebracht, nachdem sie ursprünglich im Orient hergestellt und über Italien im 15. Jh. nach Holland verpflanzt wurden. Die vielen Stilrichtungen deuten auch auf chinesische Einflüsse hin. Die meist blau ge-

D HP A 888
NF
AY 487
WF MA 42 D
HH PY 996

malten Einzelbilder oder »Tableaux« geben oft ornamentale Motive aus der Pflanzenwelt, aus der Küstenlandschaft und aus der Bibel wieder.

In Kampen, Rantum und Keitum werden Baugenehmigungen für Neubauten in der Regel nur dann erteilt, wenn der Bauherr ein Reetdach vorgesehen hat. Das Kampener Ortsstatut schreibt Außenwände im Ziegelrohbau vor, und das Dach muß mindestens doppelt so hoch sein wie die sichtbare Mauer. Das Reetdach ist teurer als ein Ziegeldach und kostet eine höhere Versicherungsprämie, ist aber erstaunlich sturmfest und im Sommer angenehm kühl, im Winter wohlig warm. An der Sonnenseite hält es 30 bis 35 Jahre, an der Schattenseite 80 bis 100 Jahre. Das Reet wird auf den Anwachsflächen bei der Kampener Vogelkoje und im Rantum-Becken geschnitten, zum Teil aus Dänemark und Jugoslawien eingeführt. Außer diesen harmonisch in die Landschaft passenden Hausformen kann man auf Sylt so ziemlich alle Stile finden, die man sich denken kann: Häuser mit Pult-, mit Flach- oder bis zur Erde heruntergezogenem Dach, Kleinstferienhäuser und Mammutbauten mit hundert und mehr Eigentumswohnungen, idyllische Wochenendhäuser und kahle Wohnkästen. Letzte Kreation: Atrium-Appartementhäuser.

Leuchttürme, die Wahrzeichen der Insel

Schon bei Tage ziehen sie die Blicke von weitem auf sich, noch mehr nachts, wenn sie ihre Lichtbündel wie lautlose Geisterfinger über die Insel kreisen lassen. Wegen der schwierigen Fahrwasser rund um Sylt überragen außer mehreren kleineren Feuern vier große die Insel. Sie sind nicht nur Feuerträger, sondern auch Tagessichtzeichen, zum Teil auch Standorte von Funkfeuern. Die kleinen Türmchen sind Quermarkenfeuer mit festem Licht; die Hauptfeuer strahlen durch umlaufende Blenden (Wechsel von Hell und Dunkel) bewegliches Licht aus, die sogenannte Kennung. Leider dürfen die Sylter Leuchttürme – aus Sicherheitsgründen – nicht bestiegen werden. Sie dürfen keinen Augenblick betriebsunsicher oder gar -unfähig werden, der Verlust von Menschenleben könnte der Preis dafür sein. In gutsichtigen Nächten sind auch die Leuchtfeuer von Amrum und Föhr, oft sogar der Widerschein von Helgoland zu erkennen.

Das Lister Tief ist wegen der großen Sandbänke und der tiefen Rinnen ein unübersichtliches, bei starkem Wind ein gefährliches Fahrwasser. Deshalb stehen auf dem Ellenbogen gleich zwei Leuchttürme.

List-West und List-Ost sind über 100 Jahre alt und etwa 10 m hoch, Ost höher, weil das Licht vom Westen her zu sehen sein muß. Beide Feuer sind auf weißen Eisentürmen montiert und sehen sich sehr ähnlich. Das Westfeuer hat zusätzlich ein Nebelhorn und einen Signalmast.

Der Kampener Leuchtturm ist der älteste Sylts. Offiziell heißt er *Rote-Kliff-Feuer*, wird aber im Volksmund meist »Christian« genannt. Er stammt aus der Regierungszeit Friedrichs II. von Dänemark, aus dem Jahre 1855. Da die meisten dänischen Könige aber Christian hießen, nannte man den Leuchtturm auch so. Er hat eine Höhe von 62 m über dem Meeresspiegel und hat am Fuße bei einer Mauerdicke von 2 m einen Durchmesser von 8 m. Ursprünglich trug der Turm eine Leuchtanlage, die Dänemark auf der Pariser Weltausstellung erwarb. Seit 1929 wird das Feuer durch elektrischen Strom betrieben; wenn er ausfällt, liefert eine Diesel-Stromanlage die nötige Energie. Eine 1000-Watt-Birne erzeugt in Zusammenarbeit mit einem Spiegelsystem ein Licht von 110 000 Candela, das noch in einer Entfernung von 25 sm gut zu erkennen ist. Ein Sender schickt zu jeder ungeraden Minute das Zeichen »rf« aus.

Der *Hörnumer Leuchtturm* wurde 1907 in Betrieb genommen. Er kostete 235 000 Mark, enthält über 90 Tonnen Gußeisen und reicht bis 54 m über NN. Das Oberfeuer hat eine Stärke von 750 000 Candela, ist also das stärkste Sylter Feuer und 26 sm weit zu sehen. Seine Tageskennung ist »rot mit weißem Band«.

Seit 1974 werden die Sylter Leuchtfeuer von der Oberschaltanlage Kampen aus durch Knopfdruck ferngesteuert. Alle Feuer bekamen die elektronischen Anlagen, die für den selbständigen Betrieb erforderlich sind.

Auch der Sender der Küstenwache bei Puan Klent dient der Navigationshilfe für Schiffahrt und Luftfahrt. Die US-Loran-Station gehört zu einem Sendernetz, das den ganzen Nordatlantik umspannt. Der moderne Peilsender hat mit seinem fast 200 m hohen Sendeturm eine Reichweite von 4 000 km und ist in der Bundesrepublik der einzige dieser Art.

Dem Sylter Seenotrettungsdienst dienen das *Westerländer Rettungskorps*, die Seenotwache und der in List stationierte Seenotrettungskreuzer der *Deutschen Gesellschaft zur Rettung Schiffbrüchiger*. Das aus Freiwilligen bestehende Rettungskorps betreut die einzige Raketenstation der deutschen Nordseeküste.

Algen – Strandhafer – Heidekraut

Die Pflanzenwelt der Nordseeinseln ist realtiv artenarm. Vor allem in den Randgebieten ist der Einfluß des Salzes (im Boden und in der Luft), gelegentlicher Überflutungen, des fast ständigen Windes und der starken Sonnenbestrahlung zu groß, als daß hier so viele Arten leben könnten wie im Binnenland. Besonders augenscheinlich sind die Folgen der extremen Klimaverhältnisse an den windgeschorenen Bäumen zu erkennen. Im Grunde machen sie sich überall bemerkbar, in der Brandungszone, am Strand, in den Dünen, in den noch verbliebenen Heiden, ja selbst im Kulturland.

Was jenseits der Brandungszone wächst, finden wir, losgerissen und an Land geworfen, im Treibsel oder unmittelbar davor. Es überwiegen die Braunalgen, Blasentang (olivgrünes Laub, Schwimm- und Fruchtblasen), Knotentang (große Blasen als Schwimmkörper) und Meersaite (bis 3 m lange Schnüre). Die Grünalgen sind mit Meersalat (große dünne Lappen) und Darmtang (schmälere Lappen) vertreten, die an der Adria und auch in England als Salat gegessen werden. Da sie meist in tiefem Wasser leben, werden Rotalgen seltener angeschwemmt. Oft ist es dann der Seeampfer mit seinem blutroten Laub. Nicht weil er für die Burgen der Sommergäste gebraucht wird, ist der Sandstrand arm an Pflanzen. Nur der Meersenf (üppige Pflanze mit lila Blüten), die Strandquecke (Pionierpflanze, die Miniaturdünen festhält) und die Salzmiere (kleine Pflanze mit dreieckigen Blättchen) können sich auf diesem nährstoffarmen, salzreichen Boden behaupten.

Die Wattseite der Insel weist an der Wassergrenze eine ganz anders zusammengesetzte Flora auf. Draußen im Sandwatt fluten an der Niedrigwassergrenze die Seegraswiesen. Ab 1930 fielen sie fast vollständig einer rätselhaften Krankheit zum Opfer, neuerdings erholen sie sich wieder. Damit verbessern sich auch die Fisch- und Muschelbestände, da die Störung im Nährstoffhaushalt des Meeres wieder behoben ist. Unter der Abbruchkante wächst überall der Queller, die tannenbaum- und kaktusähnliche Pionierpflanze, die für die Landgewinnung eine kaum geahnte Bedeutung hat. In der Quellerzone bildet das schilfartige Spartinagras oft dichte Horste. Die Pflanze stammt aus England, wurde von Landgewinnungsfachleuten an die deutsche Kü-

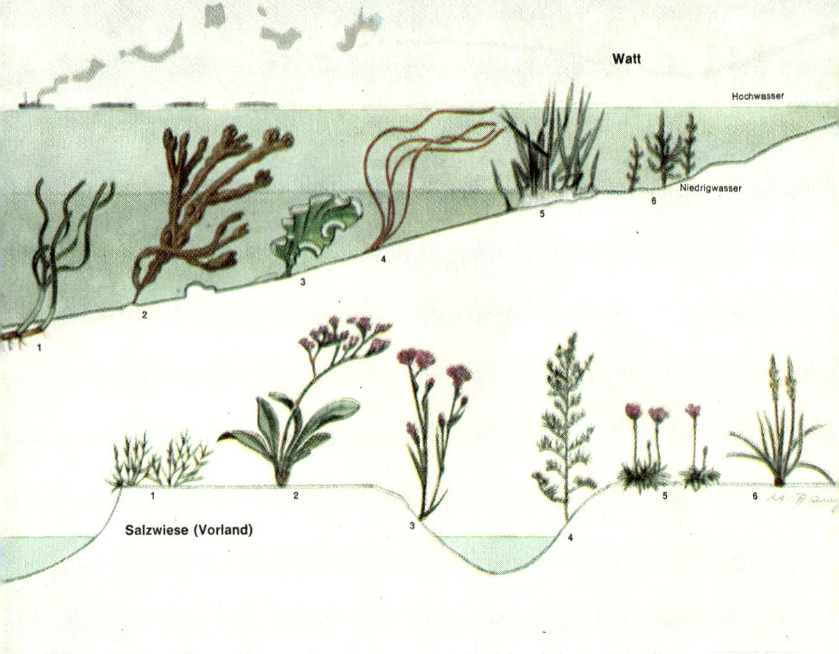

Watt

(1) Seegras (stets unter Wasser, ausgedehnte Wiesen bildend), (2) Blasentang (Braunalge mit Haftscheibe, Schwimmblasen und »Fruchtkörpern«), (3) Meersalat (Grünalge mit welligen Rändern), (4) Meersaite (lange, bindfadenförmige Braunalge), (5) Spartina-Gras (von England her künstlich eingebürgert), (6) Queller (auf regelmäßig überfluteten Flächen häufig, 10 000 Samen je Pflanze).

Salzwiese (Vorland)

(1) Strandschwingel oder Andel (kurzes Gras, Schafweide), (2) Statice oder Bondestave (steife Stengel mit violetten, trocken lange haltbaren Blüten), (3) Strandaster (violette Korbblüten), (4) Strand-Beifuß (grauweiß, starkwürzig riechend), (5) Grasnelke (rosa Blütenköpfchen), (6) Strandwegerich (jung eßbar).

Düne

An jedem Sandstrand wird bei hohem Wasserstand von Strömungen und auslaufenden Wellen Sand herangetragen, abgelagert, bei

Sonne und Wind schnell getrocknet, bei Sturm weitergetragen und schließlich hinter Hindernissen zu Erstlingsdünen aufgeweht.

a) Vordüne

(1) Meersenf (auf reinem Sand, lila Blüten), (2) Salzmiere (fleischige Blätter), (3) Strandquecke (gegen Salzwasser unempfindlich, fängt Sand).

b) Weiße Düne

(4) Strandroggen (blaugrüne Blätter, Blütenstand wie Roggenähre), (5) Strandhafer (wegen der langen Wurzeln häufig zur Befestigung von Dünen gepflanzt, schlanke Rispe), (6) Stranddistel (distelartige Blätter, streng geschützt).

c) Graue Düne

(7) Sandsegge (lange unterirdische Ausläufer), (8) Silbergras (in Büscheln, silbergrau, legt Sand fest), (9) Dünenrose (weiße Blüten, schwarze Hagebutten, geschützt), (10) Krähenbeere (Kleinstrauch, schwarze Beeren), (11) Kriechweide (niedriger Strauch, silbergraue Blätter), (12) Besenheide (holzige Stengel, rosa Blütentrauben).

ste gebracht, hat sich hier aber zum lästigen Unkraut entwickelt. Wo der Boden genügend hoch aufgeschlickt ist, wird der Queller vom Andel abgelöst. Auf den Anwachsflächen vor Rantum, Kampen und Keitum bildet die Strandaster (hellblaue Blüten) richtige Dickichte. Diesseits der Abbruchkante dominieren Grasnelke und Strandflieder. Während die Grasnelke, schon im Mai/Juni blühend, ihre blaßroten Blütenköpfe nach dem Pflücken bald hängen läßt, hält sich der Strandflieder auch ohne Wasser monatelang in der Vase frisch. Das häufige Gepflücktwerden und der künstliche Dünger haben ihn seltener werden lassen, außerdem wird er auch von der Strandaster verdrängt. Deshalb sollte man nur einzelne Zweiglein der Halligheide und nicht ganze Sträuße als Zimmerschmuck mit nach Hause nehmen. Häufiger wird der Strandbeifuß, der früher zum Vertreiben der Hausinsekten eingesetzt wurde und deshalb auch Flohkraut genannt wird.

Auch der sich wenig für die Pflanzenwelt interessierende Gast findet sich in der Dünenflora meist schnell zurecht.

Zwischen dem allgemein bekannten Strandhafer, der Leitpflanze der Sylter Dünen, steht nur selten der Strandroggen (steife, blaugrüne Blätter, ährenförmiger Blütenstand), weit häufiger die Sandsegge, wegen ihrer gradlinig wachsenden Wurzelstöcke auch Soldatengras genannt. In den älteren Dünen finden Sie auch Glockenblumen, Thymian-Polster (stark riechend), Strand-Platterbse und Hundsveilchen. Besonders erwähnenswert sind zwei streng geschützte Dünenbewohner, die Dünenrose (flachliegend, schwarze Hagebutten) und die Stranddistel (graugrüne, stachelspitzige Blätter und blaßblaue Blüten). Die spät blühende Dünenrose wächst auf den Graudünen der Nord- und Südhalbinsel, die Stranddistel (die keine Distel, sondern ein Doldengewächs ist) nur noch auf einem eingezäunten Gelände am Hörnumer Leuchtturm.

Ohne erkennbare Grenze geht die Dünenflora oft in eine typische Heideflora über. Während die Dünentäler meist einen dichten Teppich von Krähenbeere und Kriechweide oder gar von Weidenröschen aufweisen, gibt in der trockenen Heide die Besenheide (nicht ganz richtig Heidekraut genannt) den Ton an. Abwechslung ins Bild bringen im Frühsommer der goldgelbe Ginster und die geschützten Arnikablüten, die »Igel« der Rasensimse, die hellgraue Renntierflechte und das unscheinbare Katzenpfötchen, wegen der behaarten Stengel und Blätter auch »Edelweiß der Dünen« genannt. Die äußerst vitaminreiche Rauschbeere schmeckt – ohne daß man einen Rausch bekommt – ausgezeichnet; die weniger gut schmeckende Krähenbeere soll Verdauungsstörungen hervorrufen. Daß sie von Vögeln häufig gefressen werden, erkennt man an den vielen blauen Flecken auf den Dünen. Schade, daß die robuste Krähenbeere in den Dünen und in der Heide alles andere mehr und mehr verdrängt. Weit artenreicher ist die Heide – wie die Düne – in den feuchten Schlenken. Dort finden Sie die Glocken- oder Erika-Heide, im Frühjahr, goldgelb blühend, die Ährenlilie, zum Sommerausklang das Knabenkraut und den Lungenenzian, beide voll geschützt. An besonders feuchten Stellen zeigt das Wollgras die weißen Fruchtstände, wuchert das Torfmoos und fängt der Sonnentau kleine Fliegen und Mücken. Da der Boden ihnen nicht genug Stickstoff zu bieten vermag, zersetzt diese fleischfressende Pflanze mit Hilfe einer klebrigen Flüssigkeit auf den Fangblättern Kleininsekten. Mit einigem Geschick kann man den Sonnentau »füttern«: Käse mag er besonders gerne. Die Heide bedeckte einst die ganze Geest; die schönsten Reste davon liegen nun bei Morsum und bei Kampen.

Zwischen den windzerzausten, Pinien nicht unähnlich sehenden Kiefern nördlich von Kampen blüht zweimal im Jahr (zu Weihnachten und zu Pfingsten) der aus Palästina stammende Gaspeldorn. Die blühende Kartoffelrose (windbeständig, langblühend, mit hohem Vitamingehalt der Hagebutten), vor 100 Jahren als Kamtschatkarose eingeführt, zeigt den Beginn der Hauptsaison an, und wenn der Rainfarn blüht, geht sie dem Ende entgegen. Der pflanzenkundlich interessanteste Fleck der Insel ist die Kampener Vogelkoje.

Pflanzen der Heide
a) Sonnentau, b) Fettkraut, c) Lungenenzian, d) Krähenbeere, e) Besenheide, f) Glockenheide, g) Kolbenbärlapp, h) Skabiose, i) Teufelsabbiß, k) Sandglöckchen, l) Kriechweide, m) Ackerklee, n) Frauenflachs

Pflanzen der Marsch (Gräben)

a) Wasserlinsen, b) Froschlöffel, c) Wasserpest, d) Laichkraut, e) Blutweiderich, f) Sumpfblutauge, g) Igelkolben, h) Schilf, i) Sumpfsimse, k) Flatterbinse, l) Knäuelbinse, m) Meerstrandssimse

Möwen, Seeschwalben

Gleich, wohin wir an der Küste kommen: Möwen gibt es überall. Die einträglichen Promenaden scheinen sie zu bevorzugen. Dort führen die braungefleckten Jungvögel und die Lebenskünstler unter den ausgewachsenen Silbermöwen ein unbekümmertes Dasein. Die Kurgäste füttern die zu Urlaub, Wind und See eben gehörenden Vögel gerne, auch wenn sie sich einmal »getroffen« fühlen. Als man noch in zahlreichen, umfangreichen und deshalb auch wertvollen Kleidungsstücken am Strand promenierte, war es verboten, dort Möwen zu füttern. Weil sie » . . . mit großer Vorliebe aus den Lüften Grüße herabsenden, welche unauslöschliche Eindrücke zurücklassen, aber nicht bei dem anspruchsberechtigten Wohltäter, sondern jedesmal bei einem Unschuldigen, der von diesen Himmelsgaben meuchlings getroffen wird.«

Sylt ist nicht mehr das Vogelparadies der Jahrhundertwende. Bebauung, Kultivierung, Absammeln der Gelege im Kriege, häufiger Abschuß und die durch den Fremdenverkehr auf die Insel gekommene Unruhe haben Tausende von Silbermöwen, Seeschwalben und Enten aus dem Listland verschwinden lassen. Trotzdem gibt es jetzt mehr Brutvogelarten auf Sylt als vor einem halben Jahrhundert, nämlich über 100. Neu eingewanderte Arten (z. B. Türkentaube) haben die Abgänge mehr als ausgeglichen. An Durchzüglern und Wintergästen wurden sogar über 200 Arten festgestellt, darunter auch Schwarzstorch, Rosenstar und Lachseeschwalbe.

Außerhalb der Schutzgebiete brüten nur wenige Seevögel, gehen dort aber oft auf Nahrungssuche. Die Lachmöwen bevölkern zu Hunderten die Felder, und die Seeschwalben sind am Weststrand und an der Wattseite beim Stoßtauchen zu beobachten. Die Feldlerche ist im Kulturland und in der Heide regelmäßig vertreten, der Steinschmätzer in den Bunkerresten zu Hause und der Kuckuck im Listland auffallend häufig. Vereinzelt soll die Brandente (hier Barigend = Bergente genannt) noch in Kaninchenbauten und auch in künstlichen Höhlen brüten. In den feuchten Wiesen treffen wir Kiebitz, Wiesenpieper, Rohrsänger und Schafstelze an, in den Nadelholzpflanzungen und in den Vogelkojen Goldhähnchen und Spechte. Im Königshafen übersommern Regenbrachvögel. Der friesisch Sprechende nennt die Silbermöwe Asmö, die Seeschwalbe Tiaruk und den Austernfischer Lüüv.

Es wurde bereits erwähnt, daß ein Besuch der Halbinsel Uthörn bei List und ganz besonders des Rantum-Beckens immer lohnt, und von beiden Vogelfreistätten ausführlich berichtet. Während auf Uthörn im wesentlichen nur Seeschwalben, Austernfischer und Regenpfeifer brüten, besticht im Rantum-Becken die unerwartet große Zahl von Brutvogelarten und hier rastender nordischer Arten. Neben den Seevögeln brüten hier auch die Arten, die wir von verschilften, urtümlichen Gewässern im Binnenlande her kennen, Rohrdommel und Weihe, Rallen und Taucher, außerdem mehrere seltene Entenarten (Tafel- und Schnatterente). Das Rantum-Becken ist ein ausgezeichnetes Beispiel dafür, daß sich das Vogelleben in wenigen Jahren erstaunlich entwickeln kann, wenn von siedlungsgeeigneten Gebieten Störungen ferngehalten werden.

Der Herbstzug kündigt sich nicht selten durch plötzliches Auftreten großer Starenschwärme an. Wenig später rasten, von den vielen Beersträuchern und Heckenrosen angelockt, Wacholder-, Mistel-, Rot- und Ringdrossel. Dann dauert es auch nicht mehr lange, bis viele Pfeif-, Spieß-, Brand- und Stockenten die stillen Buchten und das Rantum-Becken bevölkern, während sich in den ruhigen Inselabschnitten Sumpfohreulen, Turmfalken und Blaukehlchen einfinden, auf den Außendeichsländereien Ohrenlerchen und Schneeammern. Im Gefolge der riesigen Strandläuferwolken können oft Zwergfalken beobachtet werden. Die Gänse sind auf Sylt durch Ringel-, Weißwangen-, Saat-, Kanada- und Kurzschnabelgans vertreten. Sie sind am Lister Königshafen und vom Ellenbogen aus, in der Blidselbucht, am Morsum-Kliff, an der Nösse-Halbinsel und an der Morsum-Odde gut zu beobachten, während auf der Südspitze der Insel Eisenten, Seetaucher, nicht selten sogar Lummen und Baßtölpel die Vogelfreunde begeistern. Den Winter verbringen hier außer den Möwen meist nur Eiderenten, Brandenten, Trauerenten und Austernfischer, im Königshafen auch Ringelgänse und Pfeifenten. Die meisten Durchzügler kommen ab März wieder. Dann erfüllen die Brachvögel das Watt mit ihren melodischen Rufen. Um Ostern herum mischen sich unter die Pfuhlschnepfen und Knutts Bläßhühner, Silber- und Sturmmöwen: erste Anzeichen dafür, daß eine neue Brutzeit bevorsteht.

Die häufigsten Brutvögel

Möwen
Rumpf tauben- bis entengroß, lange Flügel mit schwarzen Spitzen, gerade abgeschnittener Schwanz, helles Federkleid (in der Jugend braun), ruhige (gleitende) Flügelschläge.

a) *Silbermöwe* (Abb. 6)
Größte bei uns brütende Möwenart, kräftiger gelber Schnabel mit rotem Fleck an der Unterseite, fleischfarbene Beine, an der Nordsee besonders häufig. Rufe: »kjau-kjau« und »gagaga«.
b) *Sturmmöwe* (Abb. 3)
Der Silbermöwe ähnlich, aber kleiner, Schnabel und Beine grünlichgelb, Unterschnabel ohne roten Fleck, an der Ostsee häufig. Rufe: wie Silbermöwe, jedoch höher und schriller.

c) *Lachmöwe* (Abb. 7)
Klein und lebhaft, Brutkleid mit schokoladenbraunem Kopf; vorwiegend im Binnenland. Ruf: »kwerr«, »kwäp«.

Seeschwalben
Rumpf knapp taubengroß, Flügel im Flug stark gewinkelt, tief gegabelter Schwanz (deshalb »Schwalbe«), ruckartige Flügelschläge.

a) *Küstenseeschwalbe* (Abb. 2)
Blutroter Schnabel. Ruf: »kakka-ria«.
b) *Flußseeschwalbe*
Wie Küstenseeschwalbe, aber mit schwarzer Schnabelspitze. Ruf: »krie-ärr«.

Austernfischer (Abb. 4)
Gut taubengroß, schwarzweißes Gefieder, langer roter Schnabel. Rufe: »pülit«, »kliep, kliep«.

Rotschenkel (Abb. 1)
Lange rote Beine, im Flug weißer Flügelhinterrand. Rufe: »djüdü, djüdü, üdlüdl . . .«

Säbelschnäbler (Abb. 8)
Schwarzweißes Gefieder, lange Beine, aufwärts gebogener Schnabel. Ruf: »pjüt«.

Regenpfeifer (Abb. 5)
Lerchengroß, lebhaft, Oberseite braun, dunkles Halsband.

Kampfläufer (Abb. 9)
Amselgroß, Männchen mit sehr verschiedenen Prachtkleidern (aufrichtbare Halskrause).

Brandgans (Brandente) (Abb. 10)
Schwarzweißes Gefieder, fuchsrote Binde um den Vorderkörper, Höhlenbrüter. Ruf: »ak – ak – ak«.

Was sonst da läuft, kreucht und fleucht

Die Heide weist das ganze Sommerhalbjahr über viele Insektenarten auf, die viel zu wenig beachtet werden. Der Interessierte findet nicht nur verschiedene Bienen-, Wespen- und Hummelarten, sondern vor allem Schmetterlinge, so im Spätsommer häufig die schräg auf den Blüten sitzende Rostbinde. Nicht unerwähnt bleibe, daß es auf Sylt keine Schlangen gibt. In den Dünen spielen – auch tagsüber – die Kaninchen, richten dabei wenig Schaden an, ernähren aber die Füchse. Bejagt werden auf Sylt außer Enten und Gänsen, Kaninchen, Rebhühner, Fasane, die Nachkommen aus Böhmen und Jugoslawien importierter Hasen und Rehe, deren Vorfahren aus Dänemark stammen. Seit dem Bau des Hindenburgdammes gibt es auf der Insel Wiesel, Steinmarder, Iltisse, Maulwürfe und Füchse.

Tiere am Weststrand und im Watt

Um es gleich zu sagen: Es ist unmöglich, in diesem Büchlein die Unzahl von Tierarten der Küstengewässer auch nur aufzuzählen. Um in diese Welt origineller Lebensformen einzudringen, brauchen Sie nur hinauszugehen an Lahnungen und Priele, ins flache Wasser vor den Steilufern und im Watt, um bummelnderweise die Augen offenzuhalten, Steine umzudrehen, mit einem Grabwerkzeug den Wattboden zu durchsuchen oder gar zu durchsieben.

Die Frühaufsteher unter den Strandgängern werden mehr finden als jene, die vom ersten bis zum letzten Urlaubstag gründlich ausschlafen wollen. Jeden Tag liegt eine andere Girlande von Angespültem da, ein Friedhof meerischen Lebens, das am Strand seine vorläufige Ruhe findet. Die Laichballen der Wellhornschnecke werden zu Mini-Fußbällen, die Schulpe der Tintenfische für die Kanarienvögel mit nach Hause genommen. Besonders viele Muschelschalen gibt es am Hörnumer Strand; die Strömungen bringen immer neuen Nachschub heran, Reste von vielleicht 20 oder mehr Arten. Zahlenmäßig an der Spitze marschieren Herz- und Trog-, Mies- und Klaffmuscheln. Die tiefliegenden Lahnungen und Buhnen sind über und über mit Seepocken bedeckt, und zwischen den Pfählen und Steinen sitzen Strandkrabben (hier Dwarslöper genannt). Die Seesterne bitte nur dann mit nach Hause nehmen, wenn Sie wissen, wie die Tiere schmerzlos und dauerhaft präpariert werden. Bei längerem Ostwind und ruhigem Oberwasser kommen leider die leidigen Quallen in großen Mengen an den Badestrand, vor allem Kompaß- und Nesselquallen. Sie enthalten in ihren Tentakeln ein unangenehmes Krampfgift. Nesselquallen gibt es erst seit 20 Jahren hier, ein Hinweis darauf, daß die Wassertemperatur stieg. An warmen Spätsommerabenden mit südlichen Winden sollten Sie es nicht versäumen, an den Strand zu gehen: Dann gibt es oft das vielbestaunte Meeresleuchten.

Im Wattenmeer bestimmen Ebbe und Flut den Lebensrhythmus der Tiere. Auch hier gibt es nur wenige Arten, davon aber oft ungeheure Mengen. So leben auf einem Quadratmeter oft über 50 Pierswürmer oder Hunderte von Muscheln, ganz zu schweigen von den Myriaden von Kleintieren im Schlickwatt. So bietet gerade dieser Raum für die Vogelwelt einen immer reich gedeckten Tisch – und uns ungeahnte Beobachtungsmöglichkeiten. Sollten Sie auf einer Sandbank oder an der Küste einen jungen Seehund finden, dann dürfen Sie sich den drolligen Kerl gern genau besehen und ihn von allen Seiten fotografieren, aber bitte nicht in der Meinung mitnehmen, er sei von seiner Mutter verlassen. Sagen Sie bitte (durch die Kurverwaltung) dem nächsten Seehundsjäger Bescheid; er wird alles Nötige veranlassen. Einem Westerländer Seehundsjäger ist zwar öfters die Aufzucht von Hulern gelungen; doch ist die Gefahr, daß sie während der Ernährungsumstellung sterben, noch sehr groß.

Empfehlenswert ist ein Besuch der Ausstellung von Meerestieren und Meerespflanzen im Lister »Urwald«. Fast selbstverständlich für jeden Urlaub auf Sylt ist ein Besuch des Westerländer Nordsee-Aquariums am Hallenbad. An Utensilien der Schiffahrt und der Fischerei vorbei gelangen wir an eine Reihe sorgfältig gewarteter Becken mit Tieren aus der Nordsee, dem Atlantik, dem Mittelmeer und dem Indischen Ozean. Besonders interessant ist es dort während der Fütterungszeiten am Seehundstummelarium.

Alle an der Natur Sylts und des Wattenmeeres interessierten Gäste haben Gelegenheit, sich in den Informationszentren des Bundes für Vogelschutz, des Vereins Jordsand und der Schutzstation Wattenmeer einen Überblick über Landschaft, Flora und Fauna zu verschaffen.

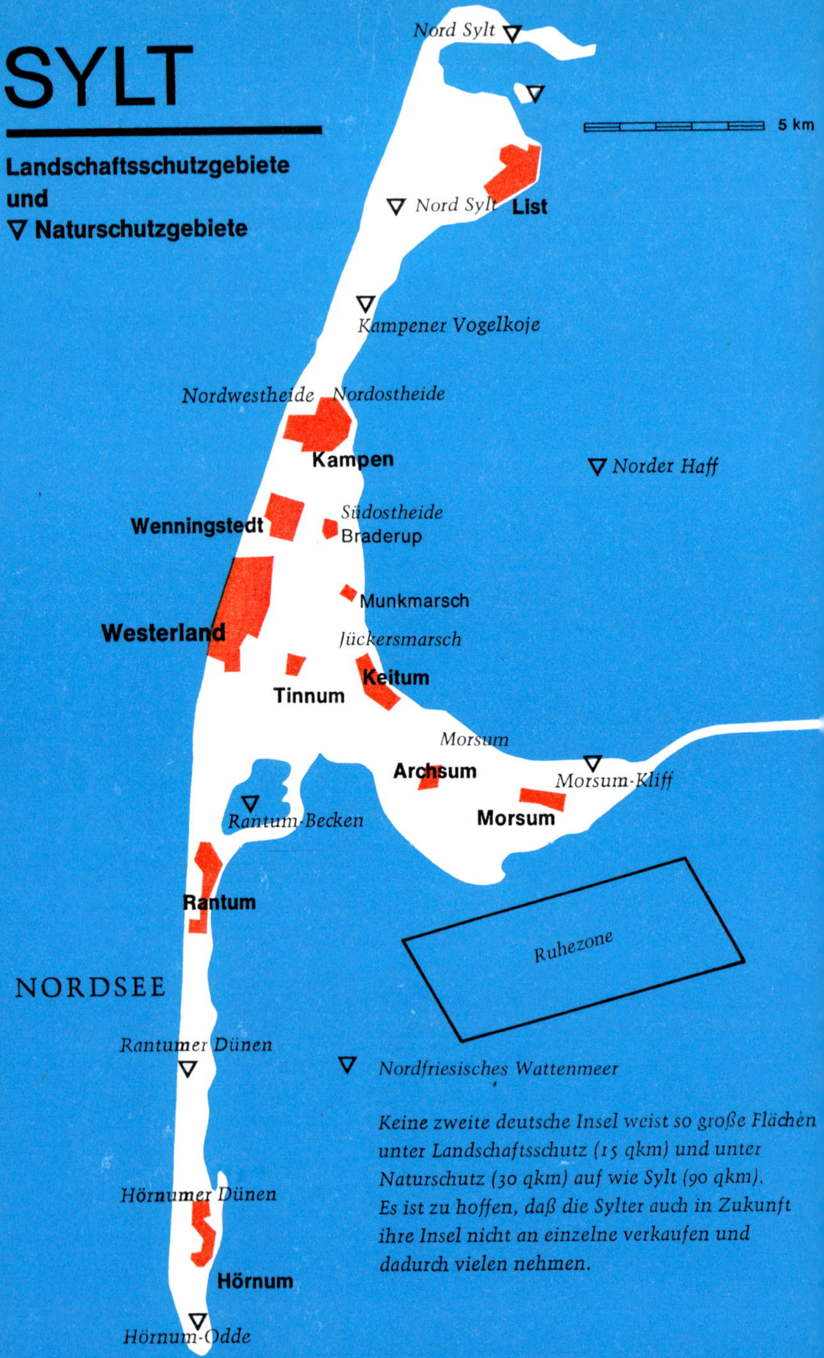

Keine zweite deutsche Insel weist so große Flächen unter Landschaftsschutz (15 qkm) und unter Naturschutz (30 qkm) auf wie Sylt (90 qkm). Es ist zu hoffen, daß die Sylter auch in Zukunft ihre Insel nicht an einzelne verkaufen und dadurch vielen nehmen.

Die Schalen unserer häufigsten Muschelarten

1 *Miesmuschel*
Dunkelblaue Oberfläche, bläulichweiße Perlmuttschicht. An Byssusfäden festsitzend. Eßbar (»Auster des kleinen Mannes«).

2 *Bohrmuschel*
Langgestrecktes Gehäuse. Bohrt sich in Stein, Holz und Schlick. Um die Jahrhundertwende aus Amerika eingeschleppt.

3 *Trogmuschel*
Dreiseitige, gleiche Klappen mit konzentrischen Schichten.

4 *Klaffmuschel*
Große rundliche Schalen mit kalkiger Oberfläche. Pfeifenartige Atmungsröhre (kleine Wasserfontänen im Watt). Eßbar (Nordamerika).

5 *Auster*
Rundliche dicke Klappen mit deutlichen Schichten. Auf hartem Grund festsitzend (Austernbänke). Delikatesse.

6 *Plattmuschel*
Flache, bis 2 cm große Schalen mit rosa Perlmutt.

7 *Herzmuschel*
Herzförmig gerippte Schalen, keine Perlmuttschicht. Wenige Zentimeter tief im Sand lebend. Eßbar (Mittelmeerküste).

Salzwassertiere

1 *Seemoos.* Viele aufeinandersitzende Einzelpolypen, also eine Tierkolonie. Bildet rasenartige Bänke, die abgeerntet werden. Giftgrün oder knallrot gefärbt, vor allem in Amerika ein beliebtes Dekorationsmaterial (Zimmerschmuck).

2 *Garnele.* Krabbe genannt, besser: Porre (zählt zu den Langschwanzkrebsen). Lebt auf Sandböden, paßt die Farbe der Umgebung an, schwimmt auch gut. Bewohner flacher Gewässer. Allesfresser, der sich besonders von Kleinkrebsen, Würmern und Jungmuscheln ernährt.

3 *Ohrenqualle.* Flacher muskulöser Pumpschirm, der durch rhythmisches Öffnen und Schließen das Tier fortbewegt. Kurze Mundlappen, vier halbkreisförmige durchschimmernde Geschlechtsorgane. Zu 98 % aus Wasser bestehend.

Nesselqualle: bläulich, breite Mundlappen, feine Fangarme, stark nesselnd.

Kompaßqualle: flache Glocke mit brauner Zeichnung.

4 *Seenelke.* Blumentier des Meeres, in prächtiger Färbung oft auf Buhnen, Steinen usw. sitzend, kann sich langsam weiterbewegen. Kissenartige Fangarme.

5 *Seerose.* Keine Rose, sondern grünviolettes oder rotes Hohltier. Mit Fußscheibe auf Fels, Lahnungen usw. sitzend. Mundöffnung von Fangarmen umgeben, die zum Beutefang mit Nesselkapseln ausgerüstet sind.

6 *Seestern.* Stachelhäuter mit vielen Scheinfüßchen, die mit ihren Saugscheiben zur Fortbewegung und zum Festhalten von Beutetieren dienen. Frißt Weichteile von Muscheln, indem er sie öffnet und den Magen über das Innere stülpt. Meist fünfarmig, in der Farbe stark variierend, kann »Arme« nachwachsen lassen.

7 *Strandkrabbe.* Kein Krebs, lebt in der Gezeitenzone, läuft gut (besonders seitwärts, deshalb »Dwarslöper«), schwimmt kaum, ersetzt ganze Gliedmaßen. Breiter Rückenschild.

8 *Scholle.* Plattfisch mit schutzfarbener Ober- und heller Unterseite. Jungfische schwimmen aufrecht, erst später wandert mit Flachlagerung das linke Auge auf die rechte Körperseite. Friedfisch, der sich vor allem von Muscheln ernährt.

9 *Pierswurm.* Einem großen Regenwurm ähnlich, atmet jedoch durch Kiemenbüschel. Über dem uförmigen Wohngang Freßtrichter (Verdauliches wird dem Schlick-Sand-Gemisch entnommen) und Kothäufchen (Unverdauliches wird ausgestoßen). 20 cm lang, gesuchter Angelköder, im Watt in ungeheuren Mengen.

10 *Einsiedlerkrebs.* Nur Vorderteil gepanzert, Körper und Schwanzflosse in Gehäusen von Wellhornschnecken geschützt. Wechselt das Haus, wenn er nach der Häutung zu groß geworden ist. Symbiose (Lebensgemeinschaft) mit Seerosen, zum Vorteil beider.

11 *Seeigel.* Kugelig, auch oberseits zahlreiche lange Stacheln und Scheinfüßchen, Mundöffnung mit Kalkzähnchen an der Unterseite (»Laterne des Aristoteles«).

Funde am Strand

1 *Strandschnecke*
Häufigste Schneckenart, nußgroßes graues Gehäuse, Fleisch eßbar.
2 *Schulp des Tintenfisches*
Rückgrat eines verendeten Tintenfisches.
3 *Ei vom Katzenhai*
Kissenartige Kapsel mit spiraligen Fäden (beim Rochenei fehlend).
4 *Eiballen der Wellhornschnecke*
Bis faustgroße, traubige Laichballen mit bis zu 2 000 Eiern.
5 *Seepocken* auf einer Miesmuschel
In der Brandungszone lebender Rankenfüßler.
6 *Pantoffelschnecke*
Schüsselförmiges Gehäuse; in der Jugend männlich, später weiblich.
7 *Feuerstein oder Flint*
Weißgraues Kieselgestein, das im Erdmittelalter entstand.
8 *Donnerkeil oder Belemnit*
Häufige Versteinerung eines Tintenfisches.
9 *Seetorf*
Bruchstück untergegangener Moore der Zeitenwende.
10 *Versteinerter Seeigel*
Kugeliger Gesteinskern von im Erdmittelalter verendetem Seeigel.
11 *Wellhornschnecke*
Bis 10 cm lange Gehäuse mit wellenförmigen Runzeln, Fleischfresser.

Erholen und gesund werden

Sommer auf Sylt

Vor wenigen Jahren noch war der Urlauber zufrieden, wenn er nach vierwöchigem Ausspannen braungebrannt nach Hause kam. Das genügt ihm heute lange nicht: Der Urlauber ist anspruchsvoller geworden. Er möchte sich erholen, gesund werden, Kräfte sammeln, sich abhärten und widerstandsfähiger machen. *Den* Weg dahin gibt es nicht, es können nur Möglichkeiten aufgezeigt werden. Obwohl das Alter, der Beruf und die Gesamtkonstitution des Urlaubers von Fall zu Fall eine andere Reihenfolge verlangen werden, dürfen folgende Punkte *Voraussetzungen für einen erholsamen Urlaub* sein:

1. Langsame Umstellung,
2. geregelte Abwechslung,
3. Mäßigkeit in allem,
4. Gegenpoligkeit,
5. körperliche und geistige Betätigung,
6. menschliche Kontakte,
7. guter und ausreichender Schlaf,
8. eine Mindestdauer des Urlaubs.

So verlockend ist es: Stürzen Sie nicht gleich am ersten Tag Ihres Ferienaufenthalts ins Wasser, womöglich für eine halbe Stunde oder gar länger. Das Baden im Seewasser, noch mehr das Tummeln in der Brandung, bedeutet auch für den gesunden Körper eine tiefgreifende Umstellung. Daß man sich nicht ungestraft aus dem Zug heraus für Stunden in den Sand legen darf, um schnell braun zu werden, wissen Sie schon am Abend des gleichen Tages und merken es – hoffentlich nicht – noch tagelang. Die UV-Einstrahlung ist wegen der fehlenden Dunst- und Staubschicht auf Sylt besonders stark; deshalb ist es ratsam, in den ersten (sonnenreichen) Hochsommer-Urlaubstagen um die Mittagszeit Schatten aufzusuchen. Fast sieht es so aus, als hätte die Natur im Hinblick auf allzu Urlaubseifrige eine »Bremse« vorgesehen: Indem am Tage der Ankunft am klimatisch doch anders gearteten Urlaubsort oft eine leichte Unpäßlichkeit auftritt, es am dritten Tage nicht selten zu Unwohlsein und Erbrechen kommt. Betonte Schonung, leichtes Essen und Spaziergänge helfen gut darüber hinweg.

Erst nach dieser negativen Phase sollte man sich in vollen Zügen dem Baden hingeben und systematisch mit dem Sonnen beginnen. Auch Kindern sollte in den ersten Ferientagen nicht zu viel Unruhe zugemutet werden.

Im Urlaub nur zu faulenzen ist sicher nicht der beste Weg zur Erholung. Die meisten verspüren schon nach wenigen Tagen den Wunsch nach Abwechslung. Ihm kommt auch das Sylter Klima entgegen, das sich auszeichnet durch einen auffallend häufigen Witterungswechsel. Nicht selten regnet es über dem Festland noch, und auf Sylt scheint schon wieder die Sonne. Schlechtwetter hält selten lange an. (Außerdem fällt auf unsere Insel weniger Regen als auf das Festland; der Steigungsregen wirkt sich erst dort aus.) Daß Abwechslung immer schön sei, wird oft gesagt. Daß sie im Urlaub nicht dem Zufall überlassen bleiben sollte, wird von Badeärzten häufig betont. Gerade die wertvollen Urlaubstage sollten wohlüberlegt verbracht werden, andernfalls ist das Bedauern über verpaßte Möglichkeiten groß.

In jedem Falle seelischer Hochstimmung – also auch im Urlaub – ist die Gefahr der Übertreibung groß, jedes Zuviel aber auch da vom Übel. Wir wollen Baden und Sonnen, Geselligkeit und Vergnügen nutzen, aber immer bewußt dosieren. Das kalte Seebad ist wirklich ein Eingriff in unseren Organismus, der Wärmeentzug dabei oft sehr groß. Das Hochsommer-Grillen ist nicht so ungefährlich, wie von den Krebsroten oft behauptet wird. Wer sich gern im Sand rösten lassen will, ist hier schon richtig; von allen Punkten Schleswig-Holsteins weist Sylt die höchste Zahl von Sonnenscheinstunden auf; Hamburg hat 10 % weniger Sonne, und in München ist der Tag dann eine Stunde kürzer als hier. Die lufthungrigen Großstadtmenschen und die wasserhungrigen Binnenländer sollten sich wirklich öfter als üblich fragen, ob sie in ihrem Urlaub gesund leben. Nur gut, daß es den knallblauen Prospekthimmel auch auf Sylt nicht immer gibt; ein bedeckter Himmel ist der Erholung dienlicher. Und wer den Sinn des Urlaubs *nur* im Nachtleben sieht, hat ihn sicher mißverstanden. Er irrt genauso wie jener, der allein das doch so vergängliche Braun als *das* Ergebnis des Urlaubs gelten läßt.

Viele schwören auf Tapetenwechsel. Da ist auch etwas Wahres dran. Weit weg von schlechter Luft und unreinem Wasser, frei vom Staub des Festlandes und dem Ruß der Städte umgibt den Urlauber an der Nordseeküste bei Westwind (an drei von vier Tagen) eine staubfreie, ärosolhaltige Brise und auf Sylt immer sauberes Meerwasser.

Die auf das Gemüt drückenden Hitzeperioden des Binnenlandes und auch schwüle Tage sind selten. Bei Ostwind nur treten sie auf, bringen dann leider außer den lästigen Mücken auch die wenig geschätzten Quallen. (Selbst Sylter sind dann »ganz schiet zupaß«.) Ob man sich für ein ruhiges oder ein Bad mit Turbulenz entscheidet, ein Ostzimmer in einem Dünenhäuschen oder eine Appartementwohnung über dem Westerländer Strand mietet, ist nicht nur eine Frage des Geldbeutels, sondern auch der Gegenpoligkeit. Jeder sollte auch in Zukunft – und im Urlaub auf jeden Fall – nach seiner Facon leben, jedoch bestrebt sein, sich vom Gewohnten zu lösen, im Urlaubszuhause anders zu leben als am Arbeitsort. Sorgen sollte man – notfalls durch bewußtes Sich-ablenken – loszuwerden versuchen. Unruhe, Hast, Ärger, Unregelmäßigkeit und Lärm zehren an unseren Nerven, auf Sylt läßt sich das Nervenkostüm wieder aufbügeln. Dazu gehört auch, daß wir unser Stadtleben nicht auf die Insel verpflanzen, sondern der Umwelt gemäß zu leben versuchen. Daß selbst Kinder schon unter den eben genannten Zeiterscheinungen leiden, ist bekannt. Deshalb ist die Nachfrage nach Plätzen in Kindergärten und Jugendheimen groß.

Mit Tapetenwechsel allein ist es nicht getan. Körperliche Betätigung muß hinzukommen, nicht nur wegen der überflüssigen Pfunde. Das Meer wäscht nicht alle Übel ab, und der Aufenthalt an der See garantiert noch keine Erholung. Daß neben dem Baden regelmäßige Spaziergänge und kleine Wanderungen unseren Organismus besser kräftigen als Faulenzen – das *auch* zum Urlaub gehört – wird selbst dem passioniertesten Nichtstuer einleuchten. Selbstverständlich schafft der Aufenthalt im Freien schon Luft; weit gründlicher aber entschlacken wir uns durch Gehen in der keimarmen Luft. Ganz unbewußt atmen wir dann tiefer als in der Fabrik und im Büro. Spazierwege und Wanderziele finden Sie in den Ortsbeschreibungen, Hinweise auf die vielen Möglichkeiten, auf Sylt aktiv Urlaub zu machen, in den folgenden Abschnitten.

»Ich will im Urlaub meine Ruhe haben«, beteuern viele – und freuen sich schon am dritten oder vierten Tag über ein Autokennzeichen mit den heimatlichen Buchstaben, suchen gern beim Mittagessen im Restaurant das Gespräch mit den Tischnachbarn, am Strand mit den Burgenbewohnern von nebenan. Auch der menschliche Kontakt, vor allem mit Gleichgesinnten (nicht Gleichberuflichen) gehört zur seelischen Gesundung. Die Einsamkeit ist oft nicht der richtige Weg zur nachhaltigen Erholung. Möglichkeiten zum Kennenlernen

bieten sich überall, am Strand, beim Urlaubshobby, beim Spazierengehen, bei Schlechtwetter in der Lesehalle, beim abendlichen Ausgehen. So gerne Kinder mit Eltern verreisen, so schnell suchen und finden sie im Ferienort Gleichaltrige.

Wer schlecht schläft, wird beim Sammeln von Kräften für ein langes Arbeitsjahr nicht weit kommen. Wenn auch der Verzicht auf das lange Schlafen am Morgen, auf den Mittagsschlaf und körperliche Betätigung, Wandern und Spazierengehen nichts helfen, sollte man den Arzt aufsuchen. Ständig mehr Tabletten zu schlucken ist ein nicht ungefährliches Mittel zum Zwecke des erholsamen Urlaubsschlafes.

Es stimmt: Der Urlaub ist immer zu kurz. Nicht nur für jene, die ungern in den Alltag zurückkehren. Der Urlaub sollte mindestens drei Wochen dauern. In der dritten Woche stellen sich nämlich häufig (wie am dritten Tag) kleine Krisen ein, und erst wenn diese überwunden sind, können wir den Urlaub mit einer erfolgreichen Bilanz abschließen.

Auf dem »weitab« liegenden Sylt ist das Wetter oft anders als im Fernsehen oder im Radio vorausgesagt, anders auch als auf dem benachbarten Festland: Auch in dieser Hinsicht ist unsere Insel eine originale Diva.

Herbst und Winter auf Sylt

Vor wenigen Jahren noch schmunzelte man, wenn von einem Winterurlaub an der See die Rede war, und heute ist er Selbstverständlichkeit. Worauf ist dieser Trend, der vor allem in Badeorten mit Hallenbädern zu beobachten ist, zurückzuführen? Preisgünstige Wochenendfahrten ab Hamburg und Mehrtagsfahrten ab Göttingen und Hannover haben sicher Schrittmacherdienste geleistet. Die Binnenländer merkten und es hat sich herumgesprochen, daß sich auch außerhalb der Saison eine Fahrt nach Sylt und ein längerer Aufenthalt auf der Insel lohnen.

Auf den Wegen und Straßen, in den Geschäften und am Mittagstisch geht es dann ruhig zu. Die Quartiereltern haben mehr Zeit für ihre Gäste. Unsere Nerven beruhigen sich schneller, eine Voraussetzung für die körperliche Gesundung.

Der Wintergast wandert mehr als der Sommerurlauber. Es war wohl ein häufiger Kurgast, der den Slogan prägte, es gäbe kein schlechtes Wetter, nur unzweckmäßige Kleidung. Anorak und Pudelmütze gehören nun zur Grundausrüstung. So verpackt, wandern wir gern am Strand, am Wasser entlang. Dort ist die Luftsole am besten mit feinen Wassertröpfchen angereichert; nach wenigen hundert Metern schon fallen sie wieder zur Erde, die größten noch früher. Stundenlang können wir nun in der stark ärosolhaltigen Luft an der Westkante der Insel entlangwandern, allein oder zusammen mit Gleichgestiefelten. Die Gefilde der sommerlichen Sonnenanbeter bilden dann keine Barrieren mehr für den rüstigen Strandwanderer: jetzt ein Dorado für Zeitgenossen mit Erkältungskrankheiten. Für Bewegung sorgen schon die an- und zurücklaufenden Schaumbänder, aus Eiweiß bestehend und von kleinsten zerriebenen Pflanzen stammend. Das Plus der Wattseite ist, daß es dort etwas wärmer und nicht so starkwindig ist: wichtige Erholungsfaktoren für sensible Naturen.

Es stürmt außerhalb der Saison wirklich nicht immer. Mai und September bieten oft auffallend beständiges Wetter. Selbst zu Weihnachten gibt es nicht selten angenehme Tage; die Tiefsttemperaturen werden erst im Februar erreicht. Da das Wasser die Sommerwärme speichert, fallen im Herbst die Temperaturen nur langsam, klettern allerdings dann im Frühjahr nicht schnell genug. Dieser Nachteil wird zum Teil ausgeglichen durch die relativ hohe Zahl von Sonnentagen in den

Monaten März bis Juni. Hinzu kommt, daß der Golfstrom, diese kostenlose Fernheizung der Subtropen, zusätzlich die Wintertemperaturen mildert.

Unvergeßlich sind für jeden, der das Staunen vor der Gewalt der Natur noch nicht verlernt hat, die Spätherbststürme. Weiße Gischtkronen jagen dann – von Sandbänken unbehindert – auf die Küste zu, überschlagen sich in der Brandung, prallen auf Uferbefestigungen und donnern an Promenaden. Die Unmengen feinstzerstäubten Meerwassers machen Sylt dann zu einem einzigen riesigen Inhalatorium. In die kochende See sehend, merkt man den Salzgehalt bald nicht nur auf Lippen und Brillengläsern, sondern auch in den Atemorganen. So genossener Seewind härtet ab, massiert, erfrischt, ist eine ideale Vorbeugung gegen winterliche Erkältungen. Ein anschließender Grog tut (in mehrfacher Hinsicht) Wunder: erst Zucker, dann heißes Wasser und schließlich eine nicht zu klein bemessene Portion Rum.

Wenn es draußen zu pustig ist, sucht man die Nordsee im Hallenbad auf. An dem Wasser fehlt nichts, auch die beliebte Brandung nicht; außerdem ist es ständig auf angenehme 20 Grad erwärmt. Seitdem der Wintergast aus dem modernen Wellenbad heraus auf die graue, aufgewühlte Nordsee sehen kann, gibt es für Sylt keinen Winterschlaf mehr.

Von Oktober bis März bekommen die Sylter Kurgäste durch die zuständige Kurverwaltung einen Sylt-Paß, ein Gutscheinheft im Wert von ca. 60,– DM.

Urlaub zum Kurlaub gemacht

Von Jahr zu Jahr wird der Prozentsatz derer größer, die den Urlaub mit einer Kur verbinden, ihn zum »Kurlaub« machen. Ein Arbeitsjahr ist lang und der Verschleiß groß; Abnützungserscheinungen machen sich bemerkbar, die Spannkraft läßt nach, viele können sich aus beruflichen Gründen kein längeres Pausieren gönnen: Gründe genug, um das Angenehme mit dem Nützlichen zu verbinden, den Urlaub mit einer vorbeugenden, belebenden oder heilenden Kur. Gut dosiert sind Meerwasser, Seeluft und Sonne an sich schon Heilmittel von unschätzbarem Wert; ihre segensreiche Wirkung wird noch nachhaltiger, wenn sie unter ärztlicher Aufsicht in Form von Kurmitteln konzentriert den Patienten geboten werden. Nicht selten genügt schon ein längerer Aufenthalt im Hochseeklima Sylts, um Bronchitiker beschwerdefrei zu machen; schneller geht es bei Einsatz von Kurmitteln. Bei leichteren Erkrankungen der Atemorgane ersetzt die Brandung das Gradierwerk, bei schweren wird der Kurarzt die nötigen Mittel verordnen. Wenn auch Klimatherapie und natürliche Heilfaktoren im Vordergrund der Kur stehen, können wir die Bedeutung der Kurmittelhäuser, Trinkkurhallen, Badehäuser, Inhalatorien usw. kaum überschätzen. Auf dem Gebiet der Meeresheilkunde durch jahrelange systematische Forschung bahnbrechende Erkenntnisse gewonnen und diese auch in die Praxis umgesetzt zu haben, ist das Verdienst der Wissenschaftler im Westerländer Institut für Meeresklimatologie der Universität Kiel. Das Institut erforscht mit modernsten Geräten und Methoden die Heilkräfte der See und des Seeklimas sowie der Kurmittel.

Den Sylter Gästen stehen folgende Kureinrichtungen zur Verfügung: Kurmittelhäuser in Westerland und Wenningstedt, Trinkkurhallen in Westerland (Strandpromenade), Wenningstedt (Kurmittelhaus), Kampen (Kaamp-Hüs), List (Kurstrandhalle) und Rantum (Haus des Kurgastes). Über moderne Kureinrichtungen verfügt auch das Nordsee-Sanatorium Westerland.

Erstaunlich groß ist die Zahl der Mittel und Verfahren, die angewandt werden. Das Sylter Meerwasser für die Trinkkuren wird 60 km vor der Küste aus 20 m Tiefe geholt, gereinigt, entkeimt und dient, kristallklar nach ärztlicher Verordnung getrunken, Vorbeugung und Heilung, reguliert den Stoffwechsel und heilt Entzündungen. Die Sylter Natursole wird bei Wunden, Geschwüren, Blutergüssen und Prellungen äußerlich, bei Darmträgheit innerlich angewandt. Der Wert des Seewassers ergibt sich aus seiner Zusammensetzung: Die Salze (gut 3 %) enthalten nicht weniger als 15 Elemente, die auch in unserem Blut schwimmen. In den Inhalationsräumen wird Meerwasser zur Genesung der Atemorgane durch Ultraschall zerstäubt, und die Mundduschemassiert mit dem gleichen wertvollen Naß das Zahnfleisch, heilt damit Paradentose. Warme Seewasserbäder bessern das Gesamtbefinden, regen den Stoffwechsel an, beseitigen Kreislaufstörungen und nervöse Erschöpfung, werden auch zur Behandlung von Rheuma und Hauterkrankungen verordnet. Meerwasser läßt sich, obwohl man die Zusammensetzung bis hin zu den besonders wertvollen Spurenelementen kennt, nicht künstlich herstellen. Meerestiere gingen im selbstgemischten »Seewasser« ein; Tiere der gleichen Art aber überlebten, wenn ihm in wenigen Prozenten natürliches Meerwasser zugesetzt wurde.

Bei Schäden an Gelenken, Muskeln und Drüsen werden Meeresschlickpackungen angewendet; bei Rheuma, Ischias und Frauenleiden badet man in Schlick. Bei der Heilmassage streicht, reibt, knetet, walkt, klopft, hackt, klatscht und schüttelt der Masseur die Ermüdungsstoffe aus dem Körper, regt Blutkreislauf und Muskeln zu gesteigerter Tätigkeit an und entschlackt den Körper. Unterwasserstrahlmassagen gibt es bei Bandscheibenschäden, Gelenkerkrankungen und Durchblutungsstörungen. Nicht zu vergessen die Kneipp-Kuren mit Güssen, Wickeln und Bädern. Lichtbäder, Gymnastik und Liegekuren runden die weite Skala altbewährter und moderner Kurmittel ab, die kaum einen Wunsch offen läßt.

Heilanzeigen: Vorbeugungs- und Abhärtungskuren, Rekonvaleszenz, Erkrankungen der Atemorgane, Katarrhe der Nase, des Rachens, des Kehlkopfes und der Bronchien, Bronchialasthma, Rheumatismus, chronischer Schnupfen, Neigung zu Erkältungen, Heuschnupfen, chronische Ekzeme, Störungen des Kreislauf- und Nervensystems sowie der Verdauungsorgane, Schilddrüsenerkrankungen, Entwicklungsstörungen (Blutarmut, Appetitlosigkeit), Erschöpfungszustände, Schlaflosigkeit.

Gegenanzeigen: Ansteckende Erkrankungen, Lungen- und Kehlkopftuberkulose, schwere Herzleiden, Leukämie, schwerer Basedow, Anämie, akute Nierenleiden.

Aktiver Urlaub

Wie man sich erholen kann, haben Sie sicher schon auf früheren Seiten dieses Büchleins oder in »Urlaub an Nord- und Ostsee« gelesen. Deshalb brauchen nur noch die Möglichkeiten aufgezeigt werden, von denen allerdings Sylt so viel bietet wie kaum eine zweite deutsche Insel. Mit Recht kann gesagt werden: Sylt ermöglicht fast alles.

Baden

Wie herrlich erfrischend ist doch das Baden in der Nordsee! Und auf Sylt kann man sich immer in die Fluten stürzen; denn das Baden ist hier von den Gezeiten unabhängig. Der Tidenhub beträgt nur 1,70 m, und der Strand fällt so steil ab, daß immer Wasser da ist. Das Besondere des Sylter Strandes ist die Brandung, 8–10 Wellen je Minute. An keine zweite deutsche Insel kommen die durchsichtig gelbgrünen Wogen (Plankton färbt das Wasser) so hoch heran, erzeugen sie eine so kräftige Brandung wie hier. Das Brandungsbaden ist eine großartige Gymnastik, echter Sport, an dem auch die Zuschauer ihren Spaß haben. Nämlich dann wenn wieder einmal ein Unerfahrener hochgehoben, fallengelassen, gewendet und schließlich – als lebendes Strandgut – unsanft an Land befördert wird. Versierter Brandungstaucher wird man nur durch häufiges Probieren. Die Brecher aber nur mit Vorsicht untertauchen und im Notfall Arme ausbreiten, Beine spreizen und sich auf den Sand werfen lassen! Könner untertauchen die größeren Wellen kurz vor dem Anrollen, tauchen gleich danach wieder auf und holen Luft, tauchen wieder . . . 100mal in 10 Minuten. Am besten von erfahrenen Brandungstauchern (der DLRG) zeigen lassen! Für kleine Kinder baut die See oft unmittelbar hinter der Brandungszone flache Strandseen auf. Die Jüngsten und die Ältesten werden sich am ruhigen Wattstrand bei Keitum oder Munkmarsch mitunter wohler fühlen. Hochwasser ist dort etwa zwei Stunden später als vor Westerland.

Die Brandung ist eine wunderbare Massage, aber auch eine Gefahrenquelle. Falls Sie den Sylter Badestrand nicht schon gut kennen, ist das Baden an bewachten Strandabschnitten immer das richtige. Außerhalb derselben und vor oder nach der festgesetzten Badezeit (meist von 9 bis 17 Uhr) vertrauen Sie sich der See auf eigene Gefahr an. Etwa 30 Rettungsstellen am Westrand der Insel sind mit mindestens 2 Rettungsschwimmern und Rettungsgerät, Boot und Beatmungsinstrumenten besetzt. Die Rettungsschwimmer sind staatlich geprüfte Schwimmeister oder nach den Richtlinien der DLRG geprüfte Männer. Daß man ihren Anweisungen nachkommt, sollte selbstverständlich sein.

Da in Nordfriesland keine größeren Flüsse in die Nordsee münden, an der Küste keine Fabriken stehen, kaum Abwässer in das Wattenmeer geleitet werden, keine Ölbohrungen das Wasser verunreinigen und nur wenig Schiffsverkehr (Versorgung, Krabbenfang) betrieben wird, ist das Nordseewasser rund um die Nordfriesischen Inseln erfreulich sauber.

Meistens wird zu oft und zu lange gebadet. In den ersten Urlaubstagen sollte man nur kurze Zeit baden, bei weniger als 20 Grad Wassertemperatur mit je 3 bis 5 Minuten anfangen. Bei Frösteln verlassen wir das Wasser. Zu häufiges Baden kann Unruhe und Erregbarkeit zur Folge haben. Wir baden wegen der damit verbundenen Gefahren nicht an Buhnen, wegen der gefährlichen Unterströmung nicht unmittelbar nach einem Sturm, schon gar nicht nach Alkoholgenuß. Bei nächtlichem Baden sollte man vorsichtig sein, vor allem bei kräftiger Brandung. Nicht gestattet ist das Baden am Ellenbogenstrand und an der Hörnumer Odde. Während vor dem Mittelteil Sylts bei ruhigem Wetter die Strömungen gering sind und erst bei starkem Wind zur Gefahr werden, herrschen an Nord- und Südspitze immer starke Strömungen, und zwar bis 1,5 m/Sek. Durch das Lister Tief (44 m) und auch durch das Vortrapptief (23 m) strömen jeden Tag etwa die Wassermassen ein und aus, wie sie im Rhein in einem Vierteljahr Köln passieren.

Etwa die Hälfte der Sylter Sommergäste sind FKK-Anhänger. Aufgebauschte Illustriertenberichte lösten leidenschaftliche Diskussionen aus, die in diesem Führer nicht weitergeführt werden sollen. Nach der Sylter Badeordnung darf nur an den gekennzeichneten Strandabschnitten nackt gebadet werden. Dort schützen Aufsichtsführende die Badenden vor »Sehleuten«. Die FKK-Abschnitte unterliegen einer besonderen Bade- und Strandordnung. Danach haben nur über 18 Jahre alte Personen und jüngere in Begleitung der Eltern Zutritt. Fotografieren und Filmen ist dort verboten. Einen Aufstand der Textillosen riskiert jeder, der es trotzdem versucht. Oft wurden Foto- und Filmjüngern auf sehr unsanfte Art die Kameras abgenommen, die Filme vernichtet und die Geräte erst über die Kurverwaltung wieder dem Eigentümer zurückgegeben.

Bräunen

Wir gewöhnen uns allmählich an die intensive Sonne. Die Haut benötigt sehr viel Zeit, dunkle Farbstoffkörner als Schutzstoffe gegen die schädlichen Infrarotstrahlen aufzubauen. Die dadurch hervorgerufene Bräunung ist eine Abwehrmaßnahme des Körpers; sie soll jene Strahlen fernhalten, die den Sonnenbrand hervorrufen.

Wir fetten uns gleichmäßig und nicht zu dick ein. Fettige Haut benötigt kaum Öl, trockene verlangt Öl oder Creme. Die Sonnenschutzmittel, die die schädlichen Strahlen wegfiltern, sollen möglichst im Schatten aufgetragen werden.

Bewegen ist besser als Rösten. Zwangloses Schlendern am Wasser, wo Meeresfeuchtigkeit und ultraviolette Strahlen zusammenwirken, fördert das Bräunen mehr, als sich, einem Schnitzel gleich, braten zu lassen. Bei Schweißausbruch sollte das Sonnenbad unterbrochen werden.

Besonders gefährdet sind Lippen, Nase, Nacken, Kniekehlen, Schienbein und Fußrücken. Sonnenschutzöl ersetzt die meisten kosmetischen Mittel. Sich rötende Stellen sollten schnellstens abgedeckt werden. Notfalls legen wir leichte Kleidung an.

Am günstigsten ist das Sonnenbaden am Morgen. Der »Geheimtip« lautet: Schattenbad. Die indirekte Sonnenbestrahlung bräunt ebenso, außerdem gefahrloser.

Nach jedem Bad ölen oder fetten wir neu. Wir sonnen uns nicht im nassen Badezeug. Wer friert, der bräunt nicht.

Die begehrte klassische Bräune ist nie Ergebnis von wenigen Stunden. Langsames Bräunen hält länger. Hellblonde und Rotblonde haben es besonders schwer, Urlaubsfarbe zu bekommen.

Auf keinen Fall sollten wir in praller Sonne schlafen. Hitzschlag und Sonnenstich, weit gefährlicher als Sonnenbrand, können die Folge sein.

Bei Blasenbildung gehen wir zum Arzt. Bei leichtem Sonnenbrand erfragen wir in der Apotheke Linderungsmittel. Notfalls tauchen wir einen Waschlappen in kalte abgekochte Milch und legen ihn auf.

Baden in Salzwasser verschlimmert den Sonnenbrand.

Wanderungen und Ausflüge

Den meisten Ortsbeschreibungen sind Kartenausschnitte mit Vorschlägen für Spaziergänge und kleine Wanderungen auf Schusters Rappen beigegeben. Sie können fast beliebig variiert, verkürzt, verlängert und zusammengelegt werden, oder man findet ganz neue. Dabei sollte aber immer Privateigentum geachtet und der Dünenschutz berücksichtigt werden. Westerland, Keitum, Kampen und List bemühen sich sehr um Wanderwege in windgeschützten Wäldchen. Wer unter Herz- und Kreislaufbeschwerden leidet, sollte sich das tägliche Pensum an Kilometern vom Arzt verordnen lassen.

Von besonders hohem gesundheitlichem Wert sind die Strandwanderungen. Am schönsten läuft es sich barfuß bei ablaufendem Wasser auf dem noch feuchten Sand. Er massiert kostenlos auf ideale Weise unsere Fußsohlen. Vor weitgesäumten Wellenzungen beiseite springend, holt man sich nicht nur mehr oder weniger nasse Füße, sondern auch eine ganze Portion Urlaubsfreude. Nach jedem Hochwasser ist die Gezeitenzone stubenrein, und Sturmfluten betätigen sich am ganzen Strand als Raumpflegerinnen, so daß wir an der Wassergrenze meistens vom Treibsel unbehindert marschieren können. Aber auch das Durchsuchen des Treibselwalles ist lohnend, vor allem nach Herbst- und Winterstürmen. Wir bücken uns immer wieder, magisch angezogen von all dem, was uns die See vor die Füße legt. Die Freude am Entdecken läßt uns Strandgänger so ziemlich alles Mögliche (und Unmögliche) finden: Kisten, Körbe, Schuhe, Zwiebeln, Südfrüchte, Flaschen, Verpackungen mit und ohne Aufschrift, Glühbirnen usw. Flaschenpostsendungen enthalten meist Anschriften von englischen Briefpartnern. Mitunter bringen sie dem Finder auch Preise, und zwar dann, wenn sie zur Erforschung der Meeresströmungen ausgeworfen wurden. Torfstücke (Seetorf oder Tuul) erinnern daran, daß zur Zeitenwende weite Gebiete der nordfriesischen Uthlande Hochmoore waren und diese nun von der See mehr und mehr abgebaut werden. Graue, auffallend leichte Gebilde mit vielen Hohlräumen geben oft Anlaß zu Diskussionen um das Was und Woher. Es ist Hochofenschlacke aus England und kein Gestein vulkanischen Ursprungs oder gar ein tierisches Gebilde ähnlich den Korallen. Zur Abwechslung kann auch gebadet werden, und ein stilles Plätzchen zum Verpusten ist immer zu finden. Das haben sicher jene nötig, die, die 130 km rund um die Insel wandern wollen. Wir werden uns wohl mit weniger begnügen und fahren gern mit dem Bus zurück, stecken uns deshalb bei größeren Wanderungen immer einen Fahrplan ein. Ob wir an der See- oder an der Wattseite wandern, die öffentlichen Verkehrsmittel sind immer nahe dabei.

Alle Bäder der Westküste haben ihre FKK-Abschnitte. Sie sind beschildert und mit Umweg-Hinweisen versehen. Sie können die textilfreien Bereiche auch durchwandern, doch sollte man dann tolerant auf auffälliges Verhalten und Fotografieren verzichten.

Auch die Vorzüge des Radwanderns wurden bereits gewürdigt. Außerhalb der Hauptsaison lädt das gut ausgebaute Straßennetz geradezu ein, die Insel zu erradeln. Immer mehr bewegen sich auf den Sätteln ihrer Stahlrösser zu Ausflugszielen, allein, zu zweit allein oder als ganze Familie. Für jene, die 11 Monate des Jahres sich nur wenig bewegen können, sicher eine gute Sache. »Tankstellen« (Ausflugslokale) gibt es überall, und verirren kann man sich nicht, dafür sorgen schon die Leuchttürme. Groß geschrieben wird auf Sylt auch das *Autowandern.* Wegen des Gedrängels auf den Straßen für die Hochsaison weniger zu empfehlen, ist es für die gesamte übrige Zeit des Jahres eine ausgezeichnete Möglichkeit, die Insel kennenzulernen. Verkehrsmäßig sehr gut erschlossen, bietet sie von Parkplätzen aus eine Unzahl von Spaziergängen und Kurzwanderungen. Sylt nur durch die Windschutzscheibe kennenlernen zu wollen, wäre von vornherein zum Scheitern verurteilt, auszusteigen und zu wandern ist weit ertragreicher und gesünder.

Beliebt sind die abwechslungsreichen *Bootsausflüge ab Hörnum und List.* Von beiden Häfen aus fahren Ausflugsboote hinaus zu den Seehundsbänken, zum Angeln und zum Seesternfischen. Eine Fahrt mit Käpt'n Detlefs und seiner »Paluca« ist immer ein köstliches Vergnügen.

Erst seit wenigen Jahren fahren größere Schiffe ab Hörnum und List abends hinaus zu *Mondschein- und Tanzfahrten.* Wer Abwechslung sucht, hat damit eine Möglichkeit mehr, sie zu finden, zumal »draußen« zollfrei eingekauft werden kann. Die Tagesfahrt nach *Helgoland* gehört zum Urlaubsprogramm vieler Sylter Gäste. Anschlußbusse ab und nach Westerland sorgen dafür, daß Sie vor der Abfahrt des Bäderschiffes und nach seiner Rückkehr in Hörnum nicht warten müssen. Nach knapp 4 Stunden Hochseefahrt sind Sie dann am meistbesuchten Ausflugsziel der deutschen Nordseeküste, auf dem vielzitierten und oft bestaunten Helgoland. Es lohnt sich, wenn Sie sich (schon vorher) den Inselführer »Helgoland – Fels im Meer« besorgen. Sie haben dann weit mehr von Ihrem Besuch auf der roten Insel in der Deutschen Bucht.

Die im Sommer häufigen Tagesfahrten nach *Amrum* und *Föhr* bieten ein abwechslungsreiches Kontrastprogramm. Während Amrum in vielem Sylt ähnlich sieht und viele urwüchsige Dünen sowie einen riesigen Sandstrand aufweist, besticht Föhr durch seine gepflegten Grünanlagen am Rande der landwirtschaftlich intensiv genutzten Insel. Mit den Motorschiffen der WDR sind Sie in 90 Minuten in Wittdün/Amrum und in weiteren 60 Minuten in Wyk/Föhr. Als Führer für die Fahrten können »Amrum« und »Föhr« empfohlen werden.

Eine Welt für sich bilden die *Halligen,* kleine Landfetzen im Wattenmeer, die im Winterhalbjahr oft überflutet werden. Diese »Welt der vielbesuchten Einsamkeit« aufzusuchen, ist für jeden, der sich ein Auge für die unberührte Natur bewahrt hat, ein Erlebnis. Ein umfassend orientierender Führer ist Ihnen das Buch »Die Halligen«.

Von Jahr zu Jahr mehr Zuspruch finden auch die Bäderschiffahrten von List nach *Havneby* auf Röm und nach *Esbjerg.*

Rundfahrten

Gäste, die Sylt zum ersten Male aufsuchen, haben es nicht leicht, sich auf der Insel zurechtzufinden. Es gibt eine Möglichkeit, schnell heimisch zu werden: man macht eine Inselrundfahrt mit. Vom bequemen Busplatz aus sieht der Gast dann all das vorbeiziehen, was er später selbst erfahren oder erwandern kann. Das Besondere an diesen Fahrten ist die »Verpackung« des Sehens- und Wissenswerten, der Kommentar. Mit badegastgerechten Randbemerkungen und einer kräftigen Mischung von Seemannsgarn, Angler- und Jägerlatein weiß der Inselführer nicht nur zu unterhalten, sondern auch einiges an »Handfestem« weiterzugeben. Als würdiger Nachfolger von Käpt'n Karl hat er den nötigen prächtigen Humor und auch das Wissen des wandelnden Insel-Lexikons. Er ist Geologe, Zoologe, Botaniker, Historiker, Volkskundler, kurz: ein Universalmensch. Er weiß über die alten Germanen genau so Bescheid wie über die Sylter Sagen, über Krabbenfang ebenso wie über Kurtaxe. Ihn in Verlegenheit zu bringen ist so gut wie ausgeschlossen; er weiß immer eine Antwort, auch auf die unmöglichsten Fragen. In überzeugendem Brustton und ohne Wimpernzucken vermittelt der Rundumführer auf diesen 80 km ein Bild von seiner Insel, wie es origineller kaum zu haben ist.

Schon kurz nach Abfahrt ab Casino (meistens um 14 Uhr) nimmt er die frühere Inselbahn aufs Korn, die Rasende Emma, den Feurigen Elias, auch Wüsten-Expreß und Dünenblitz genannt, von dem aus das Blumenpflücken nicht verboten war. Das nasse Haar des Hintermannes veranlaßt den Inselführer zu dem Hinweis, daß vor kurzem ein Gast mit dem Ruf: »Meine Glatze ist weg!« den Wellen des Hallenbades entstiegen sei. Das glaubt man ihm (fast) noch; bei der Bemerkung, daß man sich nur bei Flut die Haare schneiden lassen sollte, weil man sich sonst erkälte, sind die meisten schon skeptischer. Glaubwürdiger wird er wieder mit der Behauptung, in den Sylter Hallenbädern würden selbst Häßliche (Anwesende sind nie gemeint) wieder »zum Anbeißen knusprig«. An »zusammengedrückten Schuhkartons« (Neubauten) und »ländlich-sittlichen Ecken« vorbei geht es in Richtung Wenningstedt. Appartement wäre dasselbe wie Eigentumswohnung, nur teurer. »Ein paar Jährchen nach Christi« wären die Angelsachsen von hier aus nach Britannien gerudert, und 1945 wären sie »rein aus Heimweh« wiedergekommen. In Kampen bleiben die Häuser von Zeitungskönigen und Großindustriellen nicht unerwähnt. Auf der Luftwaffenstraße rollt der Bus am Blidsel-Hauptbahnhof vorbei, der – auf vier Rädern stehend – nachts eingeholt werde. Vorher würden die »Seekühe« der Blidselbucht (Übungsziele für Luftschießen) gemolken. Wenig später nimmt der Bus eine Parade miniberockter Anhalterinnen ab, der Kommentar bleibt auch diesmal nicht aus. Die häßlichen Bunkerreste, kommt durch den Lautsprecher, müsse man sich wegdenken, und ein besonders großer Trümmerhaufen rechts wäre eine Abschußbase der V 2 gewesen. An den FKK-Strand wolle er die ihm Anvertrauten nicht lassen; außerdem seien dort – im Gegensatz zu »Mänhätt'n« (»man hat an«) – nicht einmal schicke Bademoden zu sehen. Die Gäste dieser Strandabschnitte könnten sich wohl einen Mercedes, aber keine Badehose leisten. Ein dunkelbraunes Schaf am autogarnierten Straßenrand veranlaßt zu der Bemerkung, daß es offensichtlich auch unter den Schafen schwarze Schafe gäbe. Seit schottische Böcke in die Schafherden des Listlandes eingekreuzt wurden, wären diese Wollträger noch genügsamer. 1914 hätten die 62 Einwohner Lists in 11 Häusern gewohnt, von denen sechs Gastwirtschaften gewesen wären. Nach dem Hinweis auf den »deutlich erkennbaren« roten Strich in der Nordsee und das dahinter liegende Dänemark heißt es unter dem Mastenwald des Lister Hafens: »Ende des 1. Aktes.« Nach dem Einlaufen des nächsten »schwimmenden Holzschuhs« (der Fähre) rollt der Bus auf der neuen Straße südwärts. Von rechts grüßt die neue Wetterwarte herüber. Seit es die gibt, habe Sylt auch besseres Wetter. Bei Braderup sehen die Exkursionsteilnehmer aus dem betont langsam fahrenden Bus in die »Sylter Goldgruben«. Meist ist dann auf dem Hindenburgdamm auch schon der im Fahrpreis inbegriffene Zug zu sehen, und der Inselführer kann die Zugspitze besonders erwähnen. »Und dahinter liegt Europa«, schließt der Bericht über den Damm. Am 18 km langen Flugplatzzaun entlangfahrend, ist der Bus rechtzeitig und zur Kaffeezeit in Keitum. Die Slalomfahrt durch das grüne Herz Sylts wird für den Fahrer zur Bewährungsprobe: Er steuert den Bus auch durch jene Gäßchen, die an sich nur für Kinderwagen vorgesehen seien.

Durch Friesentee und Kliffwanderung gestärkt, beginnen die 30 Rundfahrer den dritten und letzten Teil der Nachmittagstour. Eine Rantumerin hätte FKK erfunden, indem sie – das sei schon lange her – von einem gestrandeten Schiff ein Butterfaß »geborgen« und in die Dünen geschafft hätte. Dort hätte sie sich – vom Strandvogt über-

rascht – aller Kleidungsstücke entledigt, sie auf das Faß gelegt und sich darauf gesetzt. Der an sich pflichttreue Strandvogt habe es nicht gewagt, sich der »Eva« zu nähern – und sie behielt das Butterfaß. Im Dornröschenbad Rantum wendet der Bus schließlich und strebt wieder Westerland zu. Und mit Schmunzeln verabschiedet man sich von seinem Rundum-Lotsen, der mit köstlichem Inselführer-Latein seinen Gästen weit mehr bot als 3 Stunden angenehmer Unterhaltung.
Rundfahrtunternehmen:
Sylter Verkehrsgesellschaft (Westerland), »Der Westerländer«, »Der Lister«, »Der Kampener«, Reisebüro Springer (Hörnum), U. Klindt (Morsum).

Wattwandern

Das Wattenmeer ist – neben dem Hochgebirge – eine der letzten uns noch verbliebenen ursprünglichen Landschaften. Sie kennt keine Hektik: Ebbe und Flut bestimmen langsam, aber unaufhaltsam das Geschehen. Das allein wäre Grund genug, dieses amphibische Land aufzusuchen. Weit mehr noch ist das Wattwandern aus gesundheitlichen Gründen zu empfehlen. Einige Stunden lang mit dem Schlick auf Fußfühlung zu gehen, ist das beste Schlafmittel. Obwohl Sie im Watt von den Gerüchen des maritimen Stoffwechsels umgeben sind, atmen Sie weit kräftiger als normal die ozongeladene Brise. Das schafft »Blei in die Knie«, aber auch Waden an die Beine und Pfunde vom Körper.

Fragen Sie nach einem Einheimischen, der – mit Wasser und Wind aufgewachsen – Sie durch das Watt führen, aber auch mit den Tücken des Wattenmeeres vertraut machen kann. Unter seiner Obhut können Sie sorglos wandern, sehen, erleben und schließlich vom festen Land aus beobachten, wie die unerbittlich aufkommende Flut das Wandergebiet wieder überspült.

Alle Sylter Orte bieten mehr oder weniger gute Möglichkeiten, allein, mit Gleichgesinnten oder mit der Familie wattzuwandern. Selbstverständlich erkundigen wir uns vorher nach der Niedrigwasserzeit und gehen nur bei ruhigem und gutsichtigem Wetter hinaus. Nach Niedrigwasser lassen wir keinen Priel zwischen uns und der Insel. Sie werden bei Flut zu reißenden Bächen, die oft nicht mehr zu durchqueren sind. Selbstgefangene Schollen schmecken noch besser als gekaufte. Ein Einheimischer zeigt Ihnen die entsprechende Fang-

methode, das Büttpedden, sicher gern. Bestimmt fällt Ihnen schon bei der ersten Wanderung auf, daß das Watt entweder aus Sand, aus einem Gemisch von Sand und Schlick oder aus reinem Schlick besteht. Der Schlick enthält mineralische Bestandteile sowie Pflanzen- und Tierreste. Er wird vom Flutstrom herangetragen und bleibt liegen, weil der Ebbstrom wesentlich langsamer ist. Im nordfriesischen Wattenmeer steigt das Wasser etwa 5 1/2 Stunden und fällt ungefähr 7 Stunden. Wenig bekannt ist, daß in der Nordsee sich fortsetzende Arme der Elbe Sinkstoffe bis in den Sylter Raum tragen.

Lassen Sie sich von den Aushängen der Kurverwaltungen dazu verleiten, eine der meist kostenlosen Wattwanderungen mitzumachen! Es lohnt sich immer. Meist beginnt sie südlich von Keitum, bei List, Kampen und Hörnum am Deich. Indem der zünftige Wattführer seine Mitwanderer als »Elite der Sylter Gäste« begrüßt, bittet er um reges Fragen (»Das ist im Preis inbegriffen«) und verspricht, daß alle restlos entschlackt und entstaubt wiederkommen. »Atmen Sie, bis der Pullover platzt!« rät er den Startbereiten. Schon auf den ersten Metern der 5 km ahnen die meisten, warum das Wort Watt von waten abgeleitet ist. Die Bezeichnung Wattenmeer allerdings soll nach der Meinung des Wattführers auf die Römer zurückgehen. Sie sollen, auf ihren Kriegszügen bis an die Nordsee vorgestoßen, angesichts der See »Wat'n Meer!« ausgerufen haben. Bald ist er von einem Pulk besonders Wißbegieriger umgeben und kann vor Fragen die Vorauslaufenden kaum noch vor dem »Linksdrall« warnen. Auf die Frage, wohin sie liefen, verrät er vielsagend: »Das kann ich Ihnen nicht sagen, aber ich weiß wohin.« Die Frage, wann die Sonne käme, ist noch schwerer zu beantworten; doch er schafft auch das. Daß die Quallen nicht gerade appetitlich aussehen, gibt er zu; dafür sei der Schlick ein ideales Hautpflegemittel. Die »Schlick-Nylons« könnten deshalb nicht lang genug sein. Auf die Frage, wie hoch das Wasser da denn sonst stünde, legt der Wattenkundige seinen Stock auf die leichte Mütze und betont ahnungsvoll: »Eineinhalb bis zwei Meter.« »Kann das Wasser plötzlich kommen?«, fragt prompt der nächste. »Das macht nichts, Sie sind hoch versichert, und bei Totalverlust freuen sich Ihre Erben noch mehr.« »Und wenn plötzlich ein Gewitter kommt?« »Dann legen wir uns alle auf den Bauch . . .«

Ebbe und Flut

Nicht selten stehen Gäste aus dem Binnenland, wenn sie zum ersten Male an die Nordsee kommen, kopfschüttelnd am Strand: Das Wasser ist weg, von der See kaum eine Spur! Mit einem Enttäuschung verratenden Unterton fragen sie den nächsten Nordseeanwohner, wo das Wasser geblieben sei. Der mit offenen Augen durch die Welt gehende Küsten- und Inselbesucher, der in der Nordsee Badende, der Wattwanderer und der Ausflügler werden sich oft nach dieser eigenartigen, geheimnisvoll anmutenden Erscheinung fragen, die meistens mit Ebbe und Flut (zusammen: Gezeiten) bezeichnet wird.

Wie kommen Flut (Steigen des Wassers) und Ebbe (Fallen des Wassers) zustande? Altchinesische Gelehrte hielten das Wasser für das Blut der Erde und die Gezeiten für ihren Atem. 1687 erkannte Newton die grundlegenden Zusammenhänge zwischen den fluterzeugenden Kräften, und 1774 gelang Laplace der Nachweis, daß die Erdrotation bei der Entstehung der Gezeiten eine wichtige Rolle spielt. Das Kommen und Gehen des Wassers wird verursacht durch die Anziehungskraft des Mondes und der Sonne, die sie gegenüber der Wasserhülle der Erde ausüben, und der Fliehkraft der Erde, die auf der entgegengesetzten Seite einen zweiten, etwas niedrigeren »Flutberg« entstehen

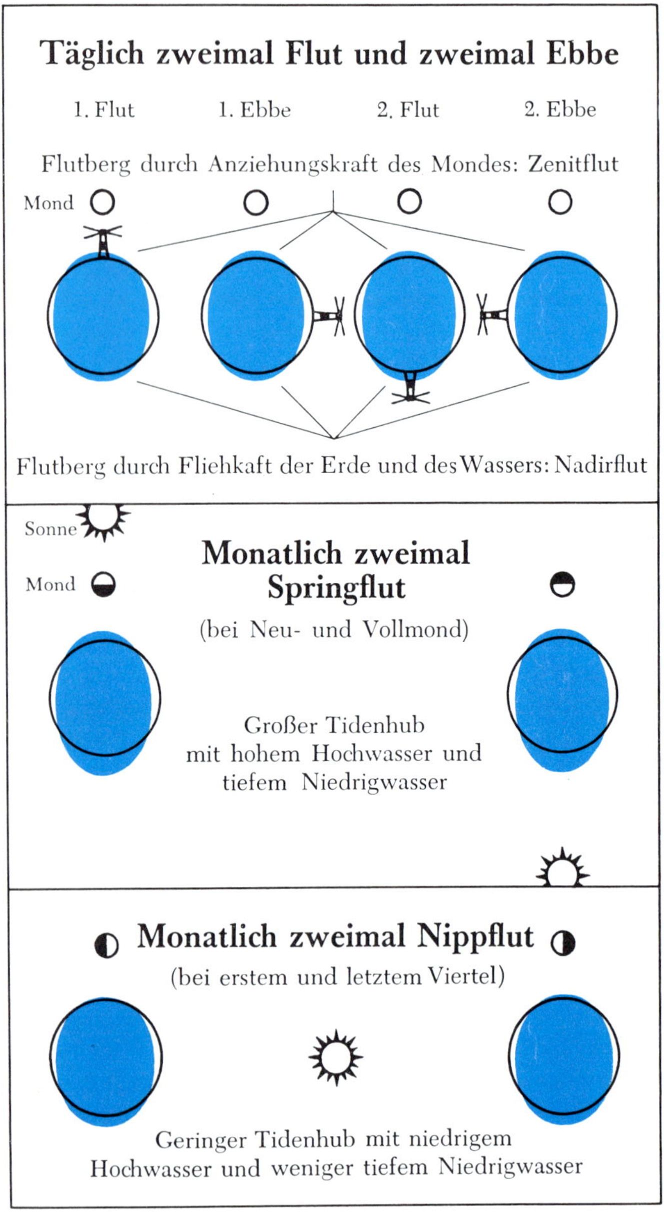
Täglich zweimal Flut und zweimal Ebbe
1. Flut
1. Ebbe
2. Flut
2. Ebbe
Flutberg durch Anziehungskraft des Mondes: Zenitflut
Mond
Flutberg durch Fliehkaft der Erde und des Wassers: Nadirflut
Sonne
Mond
Monatlich zweimal Springflut
(bei Neu- und Vollmond)
Großer Tidenhub
mit hohem Hochwasser und
tiefem Niedrigwasser
Monatlich zweimal Nippflut
(bei erstem und letztem Viertel)
Geringer Tidenhub mit niedrigem
Hochwasser und weniger tiefem Niedrigwasser

läßt. Auf der dem Mond zugewandten Seite summieren sich Anziehungskraft des Mondes und Fliehkraft der Erde, auf der Gegenseite überwiegt die Fliehkraft über die vom Mond ausgehende Kraft. Es stimmt nicht, daß der umlaufende Mond die Gezeiten hervorruft; die um sich selbst drehende Erde bewegt sich ständig unter dem Mond und damit unter zwei Wasserbergen hinweg und läßt sie hinter sich. Da die Erdumdrehung 24 Stunden dauert, verzeichnet jeder Punkt der Erde zweimal Flut und zweimal Ebbe, also alle zwölf Stunden Hoch- bzw. Niedrigwasser (knapp 6 Stunden Flut und gut 6 Stunden Ebbe). Wenn der Mond sich nicht weiterbewegen würde, hätte jeder Punkt der Erde jeden Tag zu gleicher Zeit Ebbe und Flut. Er kreist aber in 28 Tagen einmal um unsere gute Erde. An einem Tage legt er demnach $^1/_{28}$ der Gesamtstrecke zurück, und das hat zur Folge, daß die Gezeiten von Tag zu Tag etwa 50 Minuten ($^1/_{28}$ von 24 Stunden) später eintreten. Erst nach 24 Stunden und 50 Minuten also befindet sich derselbe Punkt der Erde wieder dem Mond gegenüber, so daß die Hoch- und Niedrigwasserzeiten von einem Tag zum anderen eine knappe Stunde später liegen. Zwischen zwei Hochwasserzeiten läuft ein halber Mondtag ab, das sind 12 Stunden und 25 Minuten (eine »Tide«). Bei Neumond und bei Vollmond, wenn sich alle drei Weltenkörper (Erde, Mond und Sonne) in einer Linie befinden, kommt es zur Springflut mit relativ hohem Tidenhub. Das Wasser läuft dann auffallend weit weg oder auch ohne Windstau hoch auf. Fallen starke Stürme oder gar Orkane mit Springhochwasser zusammen, kommt es zu den gefürchteten Sturmfluten. Im ersten und letzten Viertel des Mondes hingegen stehen Sonne, Mond und Erde im rechten Winkel zueinander; die Anziehungskräfte heben sich teilweise gegenseitig auf, es kommt zu der wesentlich schwächeren Nippflut (»dode Tied«). Zu beachten ist, daß die Kräfte der unvergleichlich größeren Sonne wegen der 400mal so großen Entfernung zur Erde nur etwa halb so groß sind wie die des Mondes.

An der Nordseeküste beträgt der Tidenhub (Differenz zwischen Hoch- und Niedrigwasser) je nach Küstenform und Wassertiefe 1,5 bis 3,5 Meter, an der Ostsee (einem Binnenmeer) nur 7 bis 10 Zentimeter. Es ist nicht verkehrt, wenn einer behauptet, es gäbe in jeder Kaffeetasse Ebbe und Flut. Selbst auf dem Lande gibt es Gezeiten. Die elastische Erdoberfläche weist täglich Hebungen und Senkungen von 10 bis 20 Zentimetern auf. Doch davon merken wir im Alltag nichts, und im Urlaub schon gar nicht.

Die Gezeitenverhältnisse der Nordsee sind äußerst kompliziert. Zwei Flutwellen greifen, vom Atlantik kommend, in sie hinein. Die weit kräftigere kommt um Schottland herum von Norden, bewegt sich an der englischen Ostküste entlang nach Süden, wird von der ostfriesischen Küste nach Osten und von der Halbinsel Jütland nach Norden abgelenkt. Diese Flutwelle wird also nicht in der Nordsee erzeugt; dazu reichen die 20 Minuten nicht, in denen dieses Stück Erde unter dem Mond hinwegzieht. Drehpunkt dieses riesigen Karussells ist die Deutsche Bucht. Sehr verworren werden die Zusammenhänge, indem Gezeitenwellen von der Küste reflektiert werden und Überlagerungen Wellen verstärken oder abschwächen. Während in der freien Nordsee der Gezeitenstrom in jeder Stunde etwa 1,5 Seemeilen zurücklegt, fließt er in Buchten und Prielen oft wesentlich schneller (bis 5 sm/Std.). Außerdem wandern nicht, wie oft angenommen, riesige Wassermassen, aus dem Antlantik kommend, in die Nordsee, sondern nur die Wellenbewegung wandert. Der Wasserspiegel wird angehoben, das Wasser selbst nur wenige Kilometer hin- und hergeschoben. Naheliegend ist der Vergleich mit dem Getreidefeld. Auch darauf laufen die Wogen weiter und die Halme bleiben stehen. Obwohl die Wassermassen der freien Nordsee durch die Gezeiten kaum verfrachtet werden, strömen während jeder Flut mehrere Milliarden Kubikmeter ins nordfriesische Wattenmeer und fließen bei Ebbe wieder zurück.

Nach dem bisher über die Gezeiten Geschriebenen kann sich jeder vorstellen, daß es sehr schwierig ist, die voraussichtlichen Hoch- und Niedrigwasserzeiten für die verschiedenen Küstenpunkte zu berechnen. Dazu mußte man Gezeitenrechenmaschinen bauen; die größte von insgesamt 20 steht im Hamburger Hydrographischen Institut. Dort arbeitet das sieben Tonnen schwere Ungetüm auch für uns Urlauber. Die von ihm für ein Jahr im voraus berechneten Zeiten werden durch Flutkalender und Presse veröffentlicht, die täglichen Abweichungen durch den Rundfunk bekanntgegeben. Viele Küstenbewohner sind fest davon überzeugt, daß die Tiden übernatürliche Kräfte besitzen. So sollen nicht nur die Babys mit der Flut kommen, sondern auch die Milch bei ablaufendem Wasser nicht überkochen und Gewitter bei Ebbe nicht aufs Festland ziehen können.

Urlaubssport

Angeln

Wenn Sie im Besitz eines Jahres- oder Monatsfischereischeines sind oder diesen für wenige Mark beim nächsten Ordnungsamt erwerben, können Sie auf See und an der gesamten Küste Sylts sowie an allen Süßwassergewässern angeln, die nicht an Vereine verpachtet sind. An Wasser und an Gewässern ist hier also wirklich kein Mangel.

Strand, Befestigungen, Molen und Hafenmauern bieten reichlich Gelegenheit, die Angel auszuwerfen. Besonders ertragreich sind Nordost- und Südspitze der Insel sowie die Häfen List, Munkmarsch und Hörnum. An der Westseite können, von Flut und Ebbe unbeeinflußt, Dorsche, Schollen und Aale geangelt werden; bei ruhigem, sonnigem Wetter und an den Buhnen ist die Ausbeute größer. Seezunge wird vor allem nachts geangelt. Von Juli bis August, wenn der Ruf »Die Makrelen sind da!« über die Insel läuft, werden oft große Mengen dieses Heringsjägers gefangen. Von List und von Hörnum aus wird das Makrelenangeln auch vom Boot aus betrieben; das Gerät wird vom Bootseigner zur Verfügung gestellt. Ab September verfolgt der Dorsch die kleinen Heringe. Zu empfehlen ist ein robustes, meerwasserunempfindliches Geschirr, als Köder der Pierswurm (im Sandwatt vor Munkmarsch und Rantum reichlich, auch beim Fachhändler zu haben), Fleischstückchen, Miesmuscheln oder gekochte Krabben. Dafür interessieren sich oft auch die Strandkrabben. Ihr Anbeißen und der folgende falsche Alarm können verhindert werden, indem man den Köder 20 bis 30 cm über Grund bringt. Die Makrele wird mit ständig bewegtem Blinker geangelt.

Der Westerländer und der Keitumer Sportfischerverein geben sich viel Mühe, ihren Mitgliedern und auch den Kurgästen lohnende Angelgewässer zu bieten. Es sind dies die Nösse-Baggerkuhle (hinter Morsum – Café Nösse), das Kleine Rantumer Becken (bitte die Anweisungen des Vogelwarts beachten), das Keitumer und das Morsumer Siel. Vertreten sind darin Aale, Hechte, Forellen, Karpfen, Schleie und Weißfische. In den Pachtgewässern darf nur mit Tages-, Wochen- oder Monatskarte geangelt werden.

Ausgabestellen: Westerland, Rathaus (7053); Hansen, Strandstraße 15 (22724); Christiansen, Südhedig (24303). List: Gemeindeverwaltung (1014). Hörnum: Gemeindeverwaltung (1032). Keitum: Amt (7088); Dr. Witt (2257). Morsum: Gemeindeverwaltung (249).

Auskunft durch Hellmuth Hansen, Westerland, Strandstraße 15 (22724).

12 Trimm-dich-Anlagen Zwischen Wenningstedt und Kampen

Surfen Dieser originelle neue Wassersport wird vor Munkmarsch, Westerland/Nord, Rantum/Mitte und Kampen betrieben. Dort lassen sich die Surfer auf ihrem 3,5 m langen Kunststoffbrett unter dem 4 m hohen Fiberglasmast von den Wellenkämmen an Land tragen. Im Stehen segeln sie mit Mut, Geschicklichkeit und Erfahrung bis zu 40 km/Std.

Reiten Die 12 Sylter Reitschulen verfügen über abwechslungsreiche und landschaftlich schöne Reitpisten, etwa durch Heide, auf Marschwegen, über Wattwiesen oder gar an der Küste entlang.

Reitställe gibt es in Westerland, Wenningstedt, Kampen, List, Keitum; Tinnum (Ponyreitstall).

Kegeln Westerland: Kursportzentrum. Hörnum: Rüm Hart. Keitum: Schachert.

Tennis Westerland: Kursportzentrum, Tennis-Club.

Tischtennis Westerland: Kursportzentrum. Wenningstedt: Kurverwaltung. Kampen: Kaamp-Hüs.

Golf 30 ha großer 9-Löcher-Golfplatz in Morsum. Mitgliedschaft im Golfclub erforderlich.

Minigolf Westerland: Kursportzentrum. Wenningstedt: am Dorfteich. Kampen: Haus Rungholt. List: am Bahnhof. Hörnum: Fricke, Strandweg. Keitum: Hotel Pfalzgraf.

Billard Tinnum: Alte Landvogtei.

Trampolin Westerland: Kursportzentrum. Wenningstedt: bei der Kurhalle.

Segeln Liegeplätze für eigene Boote in Hörnum, List und Munkmarsch. Anmeldung ratsam. Kein Anlegen an der Westküste.

Wasserskilaufen Lister Königshafen, Café Uthörn. Rantum und Hörnum.

Segelflug Aero-Club Westerland, Clubheim Wenningstedt. Gästeflüge in Doppelsitzern und Kurse für Kurgäste.

Leichtathletik Westerland: Sportverein, Abnahme von Sportabzeichen-Prüfungen.

KK-Schießen Schießstand im »Münchner Hofbräuhaus«, Westerland.

Schach Donnerstags im Westerländer »Sylter Hahn«.

Tanzen Westerland: Tanzschule Lohmann, Keitumer Chaussee 5 a. Kampen: Tanzschule Klockenhoff.

Abend auf der Insel

Frohe Gesellschaft

So gern tagsüber viele betont allein sein wollen, so angenehm ist ihnen abends das Ausgehen mit Gleichgesinnten. Das Angebot an Vergnügungen aller Art (200 Restaurants, Bars und Diskotheken Sylts) ist verwirrend groß. Was der Gast wahrnimmt, wird von seinem Alter und von seinem Temperament, vor allem aber von seinem Geldbeutel abhängen.

Die Kurverwaltungen veranstalten Bunte Abende, Kabarett, Bordfeste, Mißwahlen, Tanzturniere usw.

Sylter Lokale

Sie finden (fast) alles: urige Fischerkneipen und exklusive Nightclubs, Feinschmeckerlokale und gut bürgerliche Küche, idyllische Ausflügler-Cafés und bekannte Nachtlokale, behagliche Atmosphäre und Hochphon-Streß, originelle Seemannskajüten und Hotels mit Seeblick, Skatrundenwinkel und Großsäle, frühen Lokalschluß und Nachtleben.

Bevorzugen Sie bäuerlich-rustikale oder betont elegante Ausstattung, Petroleumlampen oder Neonlicht, Positionslampendämmer oder Lichtorgelblitze, Wände mit Fliesen und Fohlenfellen oder Holztäfelung mit Kristallüstern, mit Wagenrädern oder mit Pistolen dekorierte Wände, Gerichte auf Hausmacherart oder fremdländische Spezialitäten, »Zitrone ohne« oder das »stärkste Bier der Welt«?

Begleit- und Tanzmusik jeder Art: dezente Hintergrundmusik, lautstarken Beat, Evergreens, Schallplatten-Hits, Abklatschwalzer, modernste Tänze, Band-Rhythmen, Tonband-Konserven, Stehgeiger, Hammondorgel . . .

Wünschen Sie einen handgeschriebenen Speisezettel oder großformatige Hochglanzkarten, auf Plüsch oder Melkschemeln zu sitzen, neben sich handgearbeitete Segelschiffsmodelle oder Rennautoutensilien, Tischnachbarn in Jeans oder im Dinner-Jackett, rundum alte Seekarten oder expressionistische Poster, von Kuhglocken oder Fischernetzen eingerahmt, von Rundkamin oder Grog gewärmt, von einem Disjockey dirigiert oder bei alten Gesellschaftsspielen jung zu werden, von Servierdamen in Dirndln oder Kellnern im Smoking bedient, vom selbst glasenden Wirt verabschiedet oder vom kräftigsten Kellner ins Freie geschoben zu werden?

Besinnliche Stunden

Auch sie finden wir in den Veranstaltungsprogrammen der Kurverwaltungen. Kurkonzerte, Gastspiele des Nordmark-Landestheaters, Sinfonie-, Chor- und Solistenkonzerte in Westerland, Kammermusik- und Solistenabende in Kampen, Kirchenkonzerte in Keitum, Westerland und Morsum.

Wissenschaftliche und naturkundliche Vorträge in der Volkshochschule Klappholttal.

Dichterlesungen und Rezitationen in mehreren Orten.

In allen Orten haben die Gäste Gelegenheit, sich durch Besuch der empfehlenswerten Lichtbildervorträge einen Überblick über Landschaft, Volkstum, Tier- und Pflanzenwelt Sylts zu verschaffen.

Gemütliches Ferienzuhause

Wer in seinem Wohnort oder an seinem Arbeitsplatz ständig von Unruhe umgeben ist, wird oft gern auf laute Vergnügungen verzichten und es sich nach einem Tag am Strand im Urlaubsquartier gemütlich machen. Dabei kommt auch das Buch wieder zu seinem Recht, das man im eigenen Heim aus Zeitmangel nur zu oft lediglich von weitem sieht. Die Sylter Buchhändler sind Ihnen bei der Suche nach Ferienlektüre mit Rat und Buch gern behilflich.

Westerland: Andreas Voss, Friedrichstraße 28; Ch. Frank, Friedrichstraße 7; Sylter Bücherstuben, Friedrichstraße 35; G. Stilke, Bahnhof; Uwe Becher, Th. Heuss Straße 23.

Wenningstedt: H. Paulsen; F. Schwaan, Kurverwaltung.

Kampen: Kaamp-Hüs, Sturmhaube.

List: R. Dresp, Listlandstraße; H. Stange, Hafen

Rantum: G. Sklawikowski, O. Dussmann, Foto-Waack.

Hörnum: Sylter Bücherstuben; Strandbasar, R. Olssen

Keitum: E. Christiansen, J. Horst, U. Petersen, H. Runge, Hildegard Steiner-Schwarz, Alte Mühle.

Büchereien

Westerland: Städt. Bücherei, Nikolaistraße; Wenningstedt: Gemeindeverwaltung; Kampen: Sturmhaube, Kaamp-Hüs; List: Schule; Hörnum: Schule; Keitum: Dorfbücherei, Morsum: Schule.

Leseräume

Westerland: Lesehalle an der Kurpromenade; Wenningstedt: Kurhalle; List: Kurverwaltung; Rantum: Haus des Kurgastes; Tinnum: Gemeindehaus; Kampen: Kaamp-Hüs, Sturmhaube.

Kunstausstellungen

Westerland: Spielbank

Kampen: Galerie Iris Eckert, Kampener Galerie, Galerie Siegwart Sprotte, Kaamp Hüs

Keitum: Haus Weidemann.

Mitbringsel

Spätestens zwei, drei Tage vor Urlaubsende denkt man an die Mitbringsel für die Zuhausegebliebenen. Auch der Urlauber selbst möchte in seinem Heim etwas um sich haben, was ihn an die schönen Ferientage erinnert, an die zurückliegenden und an die kommenden. Was zu empfehlen wäre? Sylt und seine Geschichte wird in mehreren Büchern gewürdigt; sie und Großfotos, alte Karten und gute Bildbände haben einen hohen Erinnerungswert. Ihr Buchhändler berät Sie gern.

In Antiquitätengeschäften findet sich noch einiges aus der Walfang- und Seefahrerzeit, auch originelle Mitbringsel aus dem In- und Ausland, sogar aus dem Fernen Osten.

In den kunstgewerblichen Geschäften ist die Auswahl naturgemäß am größten; sie reicht vom Friesenschmuck bis zu Bernsteinketten, vom Handgewebten bis zu Ölgemälden.

Wie wäre es mit einem handgewebten Kissen, Wandbehang, Bildteppich oder Beiderwandstoff? Die Volkskunst von ehedem ist, besonders in Keitum, zum Kunsthandwerk geworden. Der Rohstoff hierfür ist immer noch die robuste Wolle der Listlandschafe, häufig ungefärbt weiß und braun, von »normalen« und »schwarzen« Schafen stammend.

Auch das Töpfern hat auf Sylt einen guten Ruf. Der Ton hierfür wird auf der Insel gegraben, dann geschlemmt, geknetet und schließlich auf der Töpferscheibe zum wertvollen Mitbringsel geformt.

Die auf Sylt verbreitetste Kunst ist sicher das Malen. Die urtümliche Insel bietet am Wasser, an der Küste, in den Heiden und in den Dünen eine Überfülle von Motiven. Kein Wunder, daß viele Kunstmaler kamen und viele blieben. Ein Bild von Sylt ist etwas Bleibendes. Die meisten Malerateliers können immer oder nach Vereinbarung besucht werden. Westerland: Wilma Bräuner; Hellmuth Martinsen; Ursula Hensel-Krüger; Günter Zachariasen.

Wenningstedt: Günther Hausmann; Hans Hülster.

Kampen: Helmut Märksch; Herbert Pohris; Siegward Sprotte.

Tinnum: Günther Petersen.

Keitum: Werner M. Horst; Dieter Röttger.

Archsum: Karl-Heinz Berndt

Alte Meisterfotos gibt es bei A. Remmer, Westerland.

Literatur

Alles über Sylt – Ambrosius, Nachrichten von der Insel Sylt – Amtliche Karte 1 : 30 000 – Baedeker, Schleswig-Holstein – Bantelmann, Die Landschaftsentwicklung in Nordfriesland – Becker, Daheim auf Inseln und Halligen – Bräuner, Sylt – Christiansen, Flora der Nordfriesischen Inseln – Degn/Muuß, Topographischer Atlas und Luftbildatlas Schleswig-Holstein – Funke, Sylt-Führer – Funke/P. v. Ranken, Treffpunkt Sylt – Grieben, Schleswig-Holstein – Hansen, Sylt – Heilmann, Sylter Inselsommer – Herchenröder, Sylt kennen und lieben – Ide, Gesundheit durch Nordsee – Jessel, Fliesen-Bilderbuch – Jessel, Sylt im Spiegel der Sage – Jessel, Wanderwege auf Sylt – Jessen, Sylter Sagen – Jessen, Das Meer vernichtet und segnet – Kalender »Zwischen Eider und Wiedau« – Kersten/La Baume, Vorgeschichte der nordfriesischen Inseln – Koehn, Sylt – Kolombe, Sylt – Kosch, Was find ich am Strande? – Koehn, Die Nordfriesischen Inseln – Krogmann, Sylter Sagen – Kuckuck, Der Strandwanderer – Kurzeitung Sylt – Ligges/Wohlenberg, Die Nordfriesischen Inseln – Lüden/Jessel, Sylt – Merian, Nordfriesische Inseln – Meyer, Sylt in Wort und Bild – Michelsen, Von Kampen bis Capri – Nordfriesisches Jahrbuch – »Nordfriesland« – Oetken, Zum Watt geführt – Pahl, Hörnum – Paul, Stille Stunden auf Sylt – Petersen, Sylt – Prager, Was weißt du von der Waterkant? – Prospekte der Kurverwaltungen und der Bädergemeinschaft Sylt – Quedens, Inselkirchen – Quedens, Nordsee und Wattenmeer – Quedens, Seehunde – Quedens, Seevögel – Raasch, Insel und Meer – Rauhöft, Hörnum – Rathjen, Sylt – Renger/Patzsch, Sylt – Rosenkranz, Sylt – Runge, Kirchen auf Sylt – Schlee, Maler auf Sylt – Monatshefte »Schleswig-Holstein« – Schmidt, Zur Heimatkunde der Insel Sylt – Schmölcke, Glück auf Sylt – Schott, Die Naturlandschaften Schleswig-Holsteins – Schütt, Jahr der Insel – Siedel, Vögel am Meer – Spreckelsen, Sylter Leuchtfeuer und Seezeichen – Sprotte, Aquarelle auf Sylt – Stöpel, Geschlechter kommen und gehen – Strache, Sylt – Strunk, Nordfriesland früher und heute – Struve, Sonne über Sylt – Sylt in Wort und Bild – Sylter Rundschau – Sylter Tageblatt – Tank, Sylter Sommer – Tiedemann, Kampener Skizzen – Varges, Flutkante und Küstenflora – Verein Naturschutz, Sylt/Insel des Naturschutzes – Wedemeyer, Die Vogelkoje Kampen – Wieland, Die Lassens von Sylt – Wolff, Die Entstehung der Insel Sylt – Wolff/Heck, Erdgeschichte und Bodenaufbau Schleswig-Holsteins – Ziegelmeier, Die Muscheln der deutschen Meeresgebiete.

Die überaus umfangreiche Sylt-Literatur steht allen Interessierten im Sylter Archiv (Rathaus) zur Verfügung.